한국의 여론 조사, 실태와 한계 그리고 미래

한국의 여론 조사,
실태와 한계 그리고 미래

푸른길

선거철이 아니어도 언론에서는 연일 각종 여론 조사 결과를 쏟아내고 있다. 온갖 사안마다 여론 조사를 실시하고 언론을 통해 조사 결과가 보도된다. 특히 대통령의 직무 평가나 정당 지지도를 조사하는 기관들이 여럿이다 보니 하루도 빠짐없이 조사 결과가 보도되고 있다. 때론 조사 기관마다 결과의 차이가 커서 어떤 조사 결과를 믿어야 하는지 헷갈릴 지경이다. 외국과 비교하면 한국에서 여론 조사는 과하다 싶을 정도로 빈번하다.

미국의 주요 언론은 선거 때가 아니면 여론 조사를 기획하거나 보도하는 일이 흔치 않다. 일본에서도 언론이 간간이 여론 조사를 보도하지만, 한국처럼 조사 수치만을 그대로 보도하는 기사는 별로 없다. 그리고 영국의 공영방송 BBC는 여론 조사 결과를 헤드라인으로 뽑는 것을 금지하고 있다. 중요한 정치 사안에 대해 여론 조사를 통해 국민의 의사를 파악하는 것이 비난받아야 할 것은 아니지만 여론 조사의 신뢰성에 결함이 있다면 여론 자체를 왜곡할 위험이 있다는 점에서 여론 조사 결과의 이용과 해석에 주의를 기울일 필요가 있다.

사실 조금만 관심을 가지고 정치 분야의 여론 조사를 살펴보면 여러 가지 의문을 갖게 된다. 가장 먼저 생기는 궁금증은 설문에 응답한 표본집단의 대표성에 관한 것이다. 설문 조사에 협조하는 사람들이

한국의 여론 조사, 실태와 한계 그리고 미래

누구인지에 관한 것이다. 대부분의 사람은 설문 조사를 요청하는 전화를 받은 적이 있으며 협조 요청을 거절했던 경험도 있을 것이다. 또한 통신사의 발신자 표시 서비스 덕분에 걸려 온 전화가 설문 조사라는 메시지를 보고 수신 자체를 거부한 경우 또한 있을 것이다. 그렇다면 설문 협조자들은 자신과 달리 정치에 관심이 많은 특별한 사람들이거나 혹은 특징 정치이념이 강한 사람들이 아닐까 하는 생각을 하게 된다. 만일 표본으로 뽑힌 사람 중 조사에 협조한 사람들이 평균적 일반시민과 다른 특별한 정향을 가진 사람들이라면, 그런 부류의 사람들이 응답한 결과를 국민 여론이라고 말해도 되는지 회의적인 생각이 들 것이다. 이러한 의구심을 표본추출의 문제라고 부른다.

　여론 조사와 관련한 두 번째 궁금증은 설문 문항의 타당성에 관한 것이다. 즉 설문 문항이 묻고자 하는 의도를 제대로 담고 있는지 의구심을 가질 수 있다. 조사 기관이 의도하지 않은 경우라도 발생할 수 있는 문제로 질문 내용뿐 아니라 응답항의 구성에 따라 응답 결과가 크게 달라질 수 있다. 정치 조사에서 가장 흔한 설문 문항인 정당 지지도의 예를 살펴보자. 전화 설문 조사 방식에서는 정당들의 이름을 열거하고 마지막에 '지지정당 없음'을 선택지로 읽어 준 후 지지(선호하는 혹은 가깝게 느끼는)하는 정당이 어디인지 선택하도록 요구한다.

그런데 논리적으로 '지지정당이 없음'의 대응 선택지는 '지지정당 있음'이다. 따라서 여러 정당 이름을 불러 줄 때 선택지 중 하나로 '지지정당 없음'이 포함되는 것이 아니라, 애초 설문 구성에서 '선생님께서는 지지하는 정당이 있습니까 아니면 없습니까?'라고 묻고 지지정당이 있다는 응답자들에게만 그 정당이 어디인지를 추가로 묻는 순서로 설문들이 구성되어야 올바른 것이다.

2023년 1월 3주차 조사를 보면 무당층 비율은 리얼미터 조사에서는 10.9%, 갤럽 조사에서는 25%로 나타났다. 그런데 우리나라에서 정치권에 대한 부정적 정서를 생각해 보면 선호 정당이 없어 무당파에 속하는 사람의 비율이 이처럼 낮다는 것을 받아들이기 어렵다. 설문 문항이 잘못 구성되었기 때문에 생긴 현상이라고 판단된다.

마지막으로 설문 조사와 관련한 궁금증은 응답자들이 자신의 의견을 솔직하게 답변하는지에 관한 것이다. 즉 응답 신뢰성에 대한 문제를 검토해 보아야 한다. 설문 조사의 오류는 조사자뿐만 아니라 응답자들에 의해서도 생길 수 있다. 사실 응답자들이 항상 모든 질문에 자신의 의견을 솔직히 말한다고 단언할 수 없다. 설문 협조자가 그들의 진실된 입장과 다르게 응답한다면 그 이유는 크게 두 가지로 볼 수 있다. 첫째로 설문 내용이 부실하여 조사자의 의도와 다르게 이해되거나 응답자가 사회적 윤리 등 외부적 압력으로 인해 자신의 솔직한 마음을 숨기는 경우다.* 조사자는 이러한 왜곡 요인들을 감안하여 설문

---

* 응답자가 거짓 응답을 하는 예를 들어 보면 건강과 관련된 설문 조사에서 일주일에 몇 번이나 운동을 하는지 묻는 설문에 대해 응답자들은 운동이 건강에 좋다는 인식 때문에 본

항의 타당성과 완성도를 높여야 한다.

　선거 여론 조사에서 응답자들이 거짓으로 응답하는 경향을 손쉽게 확인할 수 있다. 선거 전 투표할 의향이 있는지를 물은 설문 조사와 실제 투표율을 비교해 보면 항상 선거 전 투표 의향 비율이 높다. 또한 선거가 끝난 후 누구에게 투표했는지를 물어보면 늘 선거 승자에게 투표했다는 비율이 그 후보의 실제 득표율보다 더 높게 나타난다. 응답자 중 일부가 다른 후보에게 표를 주었으면서도 선거 승자에게 투표했다고 거짓 응답을 하는 것이다. 이 같은 현상은 우편이나 ARS (전화자동응답시스템)*와 같은 자기기입식(self-report)인 경우보다 대면 면접이나 전화 면접과 같은 조사원이 개입된 조사 방식에서 더 많이 나타난다.

　조금만 관심을 가지고 여론 조사 결과를 들여다보면 생기는 의구심을 조사 결과가 정치에 미치는 영향력이 커지고 있는 현실과 더불어 생각해 보면 문제의 심각성이 명확히 드러난다. 정당의 후보 공천에도 여론 조사가 반영되고 원자력 발전소의 폐쇄 여부도 여론 조사 결과에 따라 결정되는 '여론 조사 공화국'이 된 상황에서 과연 표본을 통한 여론 조사가 국민 전체의 여론을 정확히 측정하고 있는 것인지 문제의 심각성을 실감하게 된다. 여론 조사 결과가 곧 여론이 되어 버리는 여건 속에서 여론 조사의 정확성에 대한 관심을 가져야 하는 것은 당연하다.

인의 실제 운동 횟수보다 과장해서 답하는 것으로 나타난다. 이처럼 설문 조사에서 자신이 부정적으로 비칠 수 있는 응답은 회피하는 경향이 나타나기 마련이다.
* ARS(Automatic Response System)라는 표현은 한국에서만 사용되고 있다. 미국이나 학계에서는 IVR(Interactive Voice Response)이라는 용어로 사용하고 있다.

이 책의 구성을 간략히 설명하면 제1장에서는 여론의 합리성 논의를 소개한 후 여론 조사의 과도한 영향력과 부정확성의 문제를 지적한다. 그리고 여론 조사 결과가 여론 그 자체가 되어 버린 현실에서 과학적 여론 조사의 기준에 어긋나는 구체적 사례를 보여 준다. 제2장에서는 여론 조사가 어떤 과정을 통해 이루어지는지 소개한 후 각 단계에서 발생할 수 있는 오류들을 설명한다. 조사의 여러 단계 중 어느 한 단계라도 부실하게 진행된다면 다른 모든 단계가 완벽하게 수행되더라도 조사 결과는 실제 국민 여론과는 매우 다른 결과를 도출하게 된다는 점을 강조한다.

제3장부터는 여론 조사의 부정확성을 야기하는 요인들을 자세히 다룬다. 이 장에서는 여론 조사의 대표성 문제를 살펴본다. 여기서 대표성이란 표본집단이 모집단의 특성을 제대로 반영하는 수준을 의미한다. 최근 설문 협조율이 매우 낮은 상황에서 설문 협조자와 거부자의 특성의 차이로 인해 조사 결과가 모집단을 정확히 대표하지 못하는 문제를 알아본다. 제4장에서는 설문의 타당성 문제를 주로 논의한다. 여기서 타당성이란 설문 문항이 연구자의 의도대로 응답자에게 정확하게 전달되어야 한다는 것을 의미한다. 아울러 응답 유목들이 응답자의 태도를 측정하기에 타당하게 구성되지 못했을 때 발생하는 문제도 다룬다.

제5장에서는 설문 응답의 신뢰성 문제를 살펴본다. 응답의 신뢰성이란 응답자의 태도를 제대로 측정해야 한다는 것을 의미한다. 설문 문항의 완성도가 낮아 응답자의 태도 측정에 문제가 생기거나 조사방식의 특성 때문에 응답자들이 솔직하게 답변하지 않는 경우가 발

생한다. 이러한 문제들로 인해 발생하는 조사의 부정확성을 다룬다.

다음으로 제6장은 최근 10년 사이 새로운 조사 방식으로 주목받고 있는 웹 조사에 대한 이해와 통찰을 제시한다. 여기서 강조하는 것은 웹 조사의 등장이 단지 인터넷 기술에 따른 자연발생적 현상이 아니라 무작위 표본이 더 이상 무작위가 되지 못하는 현실에서 더 나은 대표성과 응답의 질을 추구하기 위해 대안으로 제시된 조사 방식의 변화라는 점이다. 마지막으로 제7장에서는 현재 한국의 정치 여론 조사가 직면하고 있는 핵심 문제들을 요약하고 설문의 표준화, 조사 양식의 쇄신, 조사 주체의 공공성 강화라는 측면에서 그 해결 방안을 논의한다.

이 책은 정치학을 비롯한 사회과학을 전공하는 학부생과 대학원생들뿐 아니라 정치에 관심이 있는 일반인들을 독자로 상정하여 저술되었다. 따라서 전문적 통계 지식에 의존하지 않고 언론에 발표된 조사 자료들과 본 책을 저술하기 위해 자체적으로 조사한 결과를 이용하여 설명하고 있다. 한국 정치나 더 나아가 민주주의에 대한 관심을 가진 사람이라면 충분히 이해할 수 있는 수준으로 책 내용이 기술되어 있다. 현재 여론 조사의 영향력은 점차 더 커지고 있으며 여론 조사 환경도 급격히 변하고 있다. 이 책이 여론 조사의 유용성과 더불어 본질적 한계를 분명히 하고 여론 조사 결과를 신중하게 활용할 수 있는 기회를 마련하는 데 도움이 되기를 바란다.

| 차 례 |

제1장

여론 조사의 시대

민주주의 정치체제가 국민의 의사에 따른 국가 운영을 의미한다는 것은 국민의 여론이 대표를 선출하는 데 그치는 것이 아니라 선출된 대표들이 중요한 정책 결정을 할 때에도 중요하게 고려되어야 한다는 것을 뜻한다.* 이처럼 여론이 국가 운영에 중요하다면 국민 여론이 어떠한지를 보여 주는 여론 조사가 정확히 이루어져야 한다. 여론 조사가 국민의 의견을 제대로 측정하지 못한다면 왜곡된 여론이 정책 결정에 영향을 미치게 되어 여론을 반영하지 않은 경우보다 더 나쁜 결과를 가져올 수 있기 때문이다. 이 장에서는 여론과 여론 조사의 기본적 논의로 먼저 여론의 신뢰성에 관한 부정적 관점과 긍정적 관점에 간략하게 정리한다. 그리고 여론 조사 결과를 여론 그 자체로 간주하는 현실에서 여론 조사가 정치과정에 어떻게 영향을 미치는지를 살펴보고 여론 조사가 남용되고 있는 문제를 지적한다. 여론이 중시되어야 한다는 것이 모든 결정을 전적으로 여론에 따라야 한다는 것은 아니다. 마지막으로 여론 조사의 영향력이 점차 커지는 추세 속에서 현재 다수의 여론 조사가 과학적 여론 조사라 보기 어려운 이유를 설명한다.

---

* 연구자들은 오래전부터 정책 결정 과정에 여론의 중요성을 강조하였다. 라스웰(Lasswell 1941, 15)은 여론과 정책의 상호작용이야말로 대중의 지배를 보여 주는 특징적 증거라면서 여론이 정책에 영향을 미치는 역할을 강조하였다. 또한 키이(Key 1961, 7)는 만일 대중의 견해가 정책 결정에 영향을 미치지 않는다면 민주주의에 관한 모든 논의는 부질없는 것이라고 천명하였다. 최근에는 규범적 주장을 넘어서 여론이 실제로 정책 결정에 영향을 미치는지에 대한 논의가 활발하다. 이에 관해서는 맨자와 쿡(Manza and Cook 2002)을 참조할 것.

1. 여론의 신뢰성 논쟁

　민주주의는 국민이 주권을 갖는 정치체제이며 따라서 국민 여론이 정치적 결정에 반영되어야 한다. 그런데 이 명제가 받아들여지기 위해서는 여론의 질이 높아야 한다는 전제를 만족시켜야 한다. 이에 대한 논의는 대부분의 국민이 중요한 이슈에 대해 정확하고 충분한 정보를 갖고 있는지를 확인하는 데서 시작한다. 국민의 정치 관심과 정보 수준을 측정한 많은 경험적 연구는 개인들의 속성에 따라 차이가 있지만 국민의 대다수가 지닌 정보 수준이 올바른 선택을 보장할 수 있는 정도가 아니라는 것을 확인하였다. 이러한 경험적 결과에 근거해서 개인 의견의 집합인 여론은 신뢰할 수 없으며 국가의 정책 결정에 중요하게 고려할 필요가 없다는 주장이 나름 설득력을 가진다. 이처럼 여론의 중요성과 역할에 대한 회의적 시각은 대부분의 사람이 올바른 판단을 할 수준의 능력을 갖고 있지 않다는 사실에 근거해서 대중의 의견을 종합한 여론을 정책결정에 중시해야 할 이유가 없다고 주장한다. 대표적으로 리프먼(Lippmann 1922)은 여론의 허구성을 지적하였다. 그는 여론이 민주주의의 근간이 아니며 일반 대중에게 의존하는 민주주의는 치명적 실수라고 주장하였다. 사람들은 공적 사안에 관해 합리적 의견을 제시할 수 있을 정도의 지식을 가지고 있지 못하며 여론이란 대중매체의 정보에 의해 사람들의 의식 속에 만들어지는 허구적 이미지에 불과한 것이라고 강조했다.

그러나 여론은 개인적 차원에서 정보 수준이 결코 높지는 않지만 개인 의견의 단순한 집합 이상의 의미가 있다는 논리로, 여론의 신뢰성을 옹호하는 학자들이 있다. 대표적으로 페이지와 샤피로(Page and Shapiro)는 *The Ration Public*(1992)이라는 책에서 왜 여론을 중시해야 하는지를 실증적 사실에 기반하여 설명하고 있다. 이들은

일반 대중의 판단에 대한 불신은 다수 학자들에 의해 지속적으로 제기되었다. 예를 들어 컨버스(Converse 1964)는 대중의 의견이 안정적이고 신뢰할 수 있으려면 신념체계(belief system)가 제대로 작동해야 한다고 주장하였다. 그가 말하는 대표적인 신념체계는 진보-보수의 정치적 이념체계이며 다양한 정치적 이슈에 태도를 결정할 때 정치이념의 신념체계가 제대로 작동하면 대중은 일관적 태도를 갖게 된다는 것이다. 그런데 실제로 조사를 해 보면 정치적 이슈들에 대한 응답자들의 태도는 마치 동전을 던져 앞면과 뒷면에 따라 진보와 보수를 택하는 것처럼 수시로 변경되는 것으로 나타났다. 잘러(Zaller 1992)는 이 같은 대중의 비일관적 태도를 무태도(nonattitudes)라고 지칭했다. 대중의 진정된 태도는 원래 존재하지 않으며 이슈에 대한 태도가 없음에도 불구하고 상황에 따라 그때그때 임의적 혹은 거짓 의견을 답한다는 것이다.

집합적 성격의 여론을 단순히 시민 개인들 의견의 합산으로 보아서는 안 된다는 것이다. 미국 정부의 정책변화 과정을 살펴보면 여론의 변화에 따라 국가 정책이 변경되는 경우가 무수히 많은데, 이러한 사례가 정치 엘리트들이 대중을 무지하거나 변덕스럽지 않은 존재로 인식하고 있다는 증거라고 주장한다. 만일 대중이 신뢰하기 어려운 존재라면 정책 결정자들이 대중의 선호에 따르지 않았을 것이기 때문이다. 물론 때때로 개인은 정치인들이 의도적으로 왜곡한 정보에 설득될 수도 있다. 하지만 집합적 존재로서 대중은 합당한 의견과 정보를 제대로 이용할 수 있는 능력을 가지고 있기 때문에 국가 정책이 여론을 따르는 경우가 대다수라는 것이다(Burstein 2010; Shapiro 2011, 982).

페이지와 샤피로에 의하면 개인들은 자신의 욕구와 가치 그리고 신념에 근거한 자신의 참된 정책 선호를 지니고 있다. 따라서 개인들에게 장기적으로 안정된 선호라 할 수 있는 의견의 핵심 경향성이 존재한다. 여기의 핵심 경향성은 측정이 가능한데, 여러 차례에 걸쳐 동일한 사람의 의견을 조사하고 그 결과의 평균을 통해 구할 수 있다. 만일 개인의 의견을 장기간에 걸쳐 조사했을 때 핵심 경향성 주변의 값으로 측정된다면 비록 단기적 측정에서 의견의 변화가 발견되더라도 개인의 참된 선호를 확인할 수 있다.

이러한 주장을 확장해 보면 집단으로서의 대중은 안정된 집합적인 정책 선호도를 가지고 있다고 할 수 있다. 진정한 의사를 중심으로 매 조사마다 나타나는 무작위적인 선호의 변화들은 일종의 오차로 볼 수 있다. 더욱이 이 오차들은 상호 상쇄되기 때문에 다수 시민의 진정한 선호로 규정되는 집합적 선호를 측정하는 것이 가능하다. 그렇다면 결과적으로 집합적인 여론의 측정은 개인들 태도와 연관된 무작위 오류로부터 심각한 영향을 받지 않게 된다. 각 개인을 여러 번 측정할 때 나타나는 의견 변동과 달리 설문을 통해 측정된 집합적 여론은 상쇄 과정을 통해 안정적이기 때문이다. 요약하면 개별적 차원에서 개인들의 의견은 정보 부족 등의 이유로 급격히 변화할 수 있지만, 여론이라는 집합적 의견은 다수의 충분한 정보를 바탕으로 한다면 참이고 안정적이라 할 수 있다. 이러한 논리에 따르면 설문 조사를 통해 집단 의사를 정확하게 측정할 수 있다. 그리고 측정된 집단 의사는 합리적인 것이 될 수 있다.

위에서 여론의 합리성에 관한 최근의 논의를 간단히 소개했지만 사실 여론에 대한 인식과 역할에 대한 관심은 그 역사가 깊다. 그리스의 플라톤은 저서 『공화국』에서 여론은 이성이 아닌 감성에 의존하기

페이지와 샤피로는 복지·경제정책, 외교정책, 베트남전과 냉전 시대의 여론의 변화와 미국의 정책 변화의 관계를 분석하였다. 1930년부터 1990년대까지 연령·성별·인종·지역에 따라 여론이 어떻게 다르며 또한 정부 정책이 여론을 어떻게 수용했는지를 보여 주었다. 특정정책에 대한 동일한 설문 1,128개를 추출해 분석한 결과 이들 중 58%에서 시간에 관계없이 여론 태도가 안정적이라는 것이 확인되었다. 여론이 비일관적인 사례는 전체의 18%에 불과하였다. 결론적으로 개인 단위에서 평가해 보면 이슈 태도가 일관성 없이 변하는 것처럼 보이지만 집합적 단위에서 분석해 보면 여론은 놀라울 정도로 일관성이 있다. 여론의 변화는 상황의 변동에 따른 반응이라는 합리적인 태도 변화인 것이다.

한국의 여론 조사, 실태와 한계 그리고 미래

때문에 신뢰할 수 없는 존재로 간주하였다. 여론은 충분한 통찰력이 없으며 재난을 겪고 나서야 비로소 교훈을 얻는 수준이라는 것이다. 아리스토텔레스 역시 여론의 한계를 지적하면서 대중은 제대로 된 의견을 가질 수 있도록 교육하고 안내되어야 한다는 입장을 취하였다. 그리고 루소는 고대학자들과 달리 여론이 정부 운영에 중요한 기반이 된다는 것을 강조했지만 동시에 소수 엘리트에 의해 여론이 조작될 가능성이 있음을 경고하였다. 이처럼 민주주의가 도입되기 이전에도 정치철학자들을 중심으로 여론에 대한 관심은 오랫동안 지속되어 왔다.

그런데 20세기 들어 부쩍 여론뿐만 아니라 여론 조사에도 관심이 높아졌는데, 그 이유는 두 가지로 볼 수 있다. 먼저 민주주의의 확신이 여론에 대한 관심을 증가시켰다. 선거에 의해 집권정부가 결정되는 민주주의 국가에서 정치인들의 여론에 대한 관심이 높아졌으며 동시에 정책결정에 있어서 여론의 영향력이 높아졌다. 현실정치에서 정치인들이 여론의 지지를 얻으려 노력하게 되고 자연히 여론의 추세에 민감하게 되었다.

둘째로, 1930년대부터 과학적 여론 조사 방법이 도입되면서 여론 측정의 정확성과 신뢰도를 높이려는 노력과 관심이 많아졌다. 과학적 여론 조사란 정확하게 여론을 측정하는 것을 목적으로 하는 경험적 연구로서 모집단의 의견을 제대로 대표할 수 있도록 통계적 표본 추출과 표준화된 설문을 사용하는 과정을 말한다. 이를 위해 대표성 높은 표본집단 구성, 편향성이 없고 체계적으로 구성된 설문, 정확한 통계기법 사용하기 위한 노력이 지속되고 있다.

2. 여론과 여론 조사

1) 정치 여론 조사의 영향력

정치에서 여론 조사가 큰 영향을 미치는 대표적인 영역이 대통령 지지도와 선거 여론 조사다. 대통령 직무 평가라는 이름으로 조사되는 대통령 지지도는 대통령 업무에 대한 국민의 피드백에 그치는 것이 아니라 이후 대통령이 행사할 수 있는 권한의 정도에 큰 영향을 미친다. 지지도가 높은 대통령은 새로운 정책을 추진할 수 있는 든든한 자원을 갖는 셈이다. 반대로 지지도가 낮은 대통령은 야당은 물론 여당의 비판 대상이 될 수 있으며 결국 대통령은 국정 운영의 동력을 잃게 되고, 그로 인해 또다시 지지도가 낮아지는 악순환에서 벗어나기 힘들게 된다.*

대통령 지지도가 대통령의 국정 운영에 결정적 영향을 미친 하나의 사례를 보자. 2005년 6월에 노무현 대통령은 여당인 열린우리당과 야당인 한나라당의 연립정부 구성안을 제안했다. 소선거구제를 중선거구제로 바꾸는 선거구제 개편안을 한나라당이 동의한다면 국무총리를 포함한 장관 임명권을 한나라당에 양보하겠다는 것이 노무현 대통령이 제안한 대연정의 골자다.

노 대통령의 선거법 개정 제안은 2위 후보도 당선되는 중선거구제를 통해 지역주의를 타파하고자 하는 정치 개혁의 의지를 포함하고 있었지만 결과적으로 한나라당뿐 아니라 열린우리당으로부터도 외면을 당하였다. 노 대통령의 대연정 제안이 실패하게 된 이유는 다양하지만 그중 하나가 대통령이 개혁을 강력하게 추진하기 위해서 꼭 필요한 지원인 여론 지지기 매우 낮았기 때문이다. 2005년 6일 TNS의 조사에 따르면 대통령 직무에 대한 긍정 평가는 27.2%이고 부정 평가가 64.8%에 달했다. 그해 연초부터 노 대통령의 지지도는 30%를 넘지 못하고 있는 상황이었다. 따라서 당시 정치권에서는 노 대통령의 정국 개편 시도가 낮은 지지도를 극복하려는 정치공학적 의도라고 폄하하였다. 이처럼 대통령의 지지가 낮은 상황에서 대통령이 새로운 정치 개혁을 추진하는 것은 거의 불가능하다.

낮은 지지율로 인해 대통령의 정국 개편 구상은 실패하게 되고, 이로 인해 대통령의 명성이 손상되면서 임기 종료 때까지 낮은 지지도와 정치적 주도권의 상실을 경험하게 된다. 대통령 지지도가 대통령

---

* 한국 정치사에서 6명의 대통령이 임기 말에 탈당을 하게 된다. 공통적으로 낮은 지지율로 인해 차기 선거를 대비하는 대통령 소속정당인 여당이 부담을 느끼고 탈당을 요구하였다. 대통령 취임 이후 탈당까지 가장 짧은 시간이 걸린 대통령은 노무현 대통령(1,462일)이며 가장 늦게 탈당한 경우는 이명박 대통령(1,827일)이다.

의 권력 크기를 결정하는 중요한 요인이라는 사실은 이미 오래전에 미국 대통령의 권한 연구를 통해 밝혀진 사실이다(Neustadt 1991). 따라서 미국 대통령들은 취임 직후 지지도가 높은 허니문 기간 동안 본인의 의지가 담긴 법안을 통과시키려 시도한다는 것이 정설이다.

한편 여론 조사의 영향력이 가장 두드러지고 때로는 남용되는 시기가 선거 기간이다. 선거를 앞둔 후보 지지도 조사는 후보들의 지지 판세를 보여 주는 정도를 넘어 유권자들의 후보들에 대한 지지 변화의 원인으로 작용한다. 즉 선거 여론 조사가 선거에 참여한 후보들에 대한 국민의 지지 현황을 보여 주는 역할에 머물러야 했음에도 불구하고 지지도 조사 결과가 발표되면 언론의 관심은 당선 가능성이 큰 선두 주자들에게만 쏠리게 된다. 그 결과 판세 역전을 노리는 약체 후보들에게 언론의 관심이 낮아지는 불리한 상황이 전개되고 그로 인해 그들의 지지율은 더욱 낮아진다.

지지율이 낮은 후보들은 언론에서 소외되고 결국 유권자들에게 잊히게 되는 것이다. 선거 조사는 유권자들이 어떤 후보를 왜 선택하는지에 대한 정보를 제공함으로써 후보들이 다양한 유권자의 목소리를 반영하는 데 기여해야 한다. 그런데 현실에서는 조사 결과가 언론 보도를 통해 지지도의 빈익빈 부익부 현상을 조장하여 후보 선택에 결정적 영향을 미치고 있다. 선거 과정에서 정보를 제공하는 수단이며 보조 역할에 그쳐야 할 선거 여론 조사가 선거 결과를 결정하는 가장 중요한 요인이 되어 버리는 것이다.

현재 한국 정치는 여론공화국이라 부를 정도로 여론 조사 결과가 과도하게 정치에 영향을 미치고 있다. 대표적인 것이 외국에서는 그

예를 찾아볼 수 없는, 여론 조사를 통한 공천 과정이다. 정당들은 상향식 공천이라는 명분 아래 국회의원 후보뿐 아니라 대통령 후보 공천에도 여론 조사 결과를 비중 있게 반영하고 있다.

여론 조사가 대선 후보 공천에 결정적 영향을 미친 대표적 사례가 2017년 제17대 대통령 선거 한나라당 후보 경선이다. 후보 선출 방식은 국민참여선거인단 80%와 여론 조사 20%였지만 선거인단 구성에 일반 국민이 30%가 포함되어 결국 여론의 영향력은 전체의 50%인 셈이었다. 경선 결과 선거인단 투표에서는 박근혜 후보가 0.3%p 앞섰지만 여론 조사에서 이명박 후보가 51.6%를 득표하여 42.7%를 얻은 박 후보에 앞섰고 결과적으로 총득표에서 1.5%p 우세한 이 후보가 한나라당 대선 후보로 결정되었다. 대의원과 당원 투표에서 뒤지고도 이명박 후보가 승리할 수 있었던 것은 여론 조사에서 우세했기 때문이다.

제20대 대통령 후보 공천 방식에서도 민주당과 국민의힘 두 정당 모두 여론 조사 결과를 크게 반영하였다. 민주당은 본선에서 일반유권자들 대상의 국민선거인단 투표를 100% 반영하였다. 국민의힘은 3차에 걸쳐 후보 경선을 실시하였는데, 여론 조사 반영비율이 1차 80%, 2차 70% 그리고 3차에서 50%였다. 결국 두 정당 모두 여론 조사에 의해 대선 후보를 결정한 것이다.

이상에서 살펴본 바와 같이 정치에서 여론의 영향력은 결정적이며 따라서 정치인들은 우호 여론을 극대화하려 노력한다. 여론이 정치에 미치는 영향이 점점 커져 가고 여론 조사 결과 자체가 바로 여론으로 간주되는 지금의 상황에서 여론 조사의 정확성은 더욱 강조될 수밖에 없다. 여론 조사에 의해 여론이 측정되고 여론 조사 결과가 정치 전반을 결정하는 상황인 만큼 과학적 여론 조사의 중요성이 대두되는 것은 당연하다.

그러나 여론 조사 실사 기관들의 여론 조사 과정을 들여다보면 과학적 여론 조사 원칙을 제대로 준수한다고 보기 어렵다. 조사 현장에서 당면하는 제약들에 대해 대안을 모색하기보다는 오히려 외면하고 있는 실정이다. 현재 시행되는 여론 조사를 구체적으로 보면 과학적 여론 조사의 특성인 표본추출과 설문 구성의 타당성이 제대로 지켜지고 있다고 볼 수 없다. 여론 조사에 협조하는 표본이 모집단을 제대로 대표하고 있는지의 문제와 설문 문항이 응답자의 의사를 측정하기에 적절한지에 대한 평가 및 개선 의지를 찾아보기 힘들다. 표본집단의 대표성과 설문 문항의 타당성이 낮다면 조사 결과는 필연적으로 여론을 왜곡하는 결과를 낳게 마련이다. 현재 수행되는 대다수의 조사가 표본의 대표성과 응답 측정의 적합성이라는 여론 조사의 필수기준을 충족시키지 못하지 못하고 있음에도 현행 여론 조사가 여론을 정확하게 반영한 것이라 여기는 조사 시장과 언론의 태도는 반드시 재고되어야 한다.

2) 여론 조사 과정의 문제점들

정책 결정과 평가가 여론 조사에 의존한다는 것은 여론 조사가 다른 방법보다 대중 정서를 정확히 측정한다는 것을 의미한다. 즉 잘 조직된 집단이나 엘리트와 접촉이 잦은 집단 등의 의견보다 여론 조사가 사회 각계각층의 의견을 대표할 수 있도록 통계적으로 디자인되어 있다고 보는 것이다. 여기서 우리가 기대하는 올바른 여론 조사는 과학적 조사를 뜻한다.

그런데 대중의 여론 조사에 대한 신뢰는 그리 높지 않다. 2018년에 미국에서 여론 조사 신뢰도를 조사한 적이 있다. 이 조사에 따르면 언론에서 발표하는 여론 조사 결과를 믿지 못한다고 답변한 미국인은 52%인 데 반해 신뢰한다고 답변한 미국인은 12%에 불과했다. 한국에서도 2021년에 여론 조사 결과를 신뢰하는지 여부를 조사해 보니 응답자의 64%가 조사 결과를 신뢰하지 않는다고 답했다. 이처럼 대부분의 민주주의 국가에서 여론 조사 신뢰도는 매우 낮은 편이다.

특히 여론 조사기 가장 많이 쏟아지고 조사 결과에 대한 외구심이 가장 많이 생기는 때가 선거 기간이다. 이 기간 동안 조사 기관마다 후보들의 지지도가 들쑥날쑥하고 신생 조사 회사가 우후죽순으로 등장한다. 난립하는 조사 기관과 질 낮은 조사를 관리하게 위해 선거관리위원회 산하 여론 조사심의위원회(여심위)는 선거 관련 설문 조사 실사 기관의 등록을 의무화하고 선거 관련 조사는 반드시 결과를 여심위 홈페이지에 등록하도록 의무화하였다. 그리고 여심위에 등록된 조사 결과만을 언론에 공표할 수 있도록 법제화하였다.

여심위 홈페이지를 보면 2022년 10월 현재 92개의 조사 회사가 등록되어 있는데, 2021년 1년 동안에만 해도 13개의 업체가 신규 등록을 하였다. 여론 조사 등록제가 시행된 2017년 5월에 27곳에서 약 3.3배가 증가한 것이다. 여론 조사 결과 등록 현황을 보면 19대 대선 관련 조사가 801건이었는데, 20대 대선에서는 1,385건으로 5년 사이에 2.3배가 증가하였다.

여심위 홈페이지를 통해 조사 협조율을 확인할 수 있다. 우선 가장 눈에 띄는 것이 조사 방식에 따라 협조율에 큰 차이를 보인다는 점이다. 아래의 표에서 보는 바와 같이 ARS 방식을 사용하는 경우에는 2021년 후반기에 응답 협조율이 5% 내외이고 면접원이 직접 전화로 설문을 실시하는 방식에서는 협조율이 10% 중반 정도에 머무른다. 더욱이 2022년 후반기의 협조율을 보면 리얼미터와 갤럽 모두에서 일 년 전보다 확연하게 낮아진 것을 볼 수 있다. 이전에 비해 최근 들어 협조율은 더욱 낮아지는 추세는 한국뿐 아니라 전세계적으로 나타난다. 협조 비율이 높을수록 모집단을 대표할 가능성이 높다는 점에서 볼 때(Holbrook et. al. 2008; Backstrom and Hursh 1963; Babbie 1990; Aday 1996; Rea and Parker 1997) 이처럼 낮은 협조율의 조건에서 얻은 조사 자료 결과가 여론을 제대로 반영한다고 볼 수 있는지 의문이다.

〈표 1-1〉 전화 조사의 협조율(%)

		리얼미터(ARS)	갤럽(전화 면접)
2021년	10월 4주차	5.6	17.6
	11월 4주차	5.7	15.0
	12월 4주차	7.1	15.4
2022년	10월 4주차	4.2	10.4
	11월 4주차	3.7	6.0
	12월 4주차	3.3	10.9

ARS(전화자동응답시스템) 방식에 의한 여론 조사에서 협조율이

5%대에 머문다는 것은 조사 기관에서 100명에게 설문 요청을 하면 그중 95명가량이 설문에 협조를 거부한다는 것을 뜻한다. 2022년 6월 25일에 한국사회여론연구소(KSOI)의 조사 내역을 보면 응답률이 6.3%이다. 구체적으로 보면 15,789명에게 접촉하여 14,788명이 응답을 거부했고 1,001명 응답에 협조한 결과다. 응답 거부자와 협조자의 규모를 비교해 보면 사실상 거의 대부분의 사람이 설문 조사에 협조하지 않은 셈이다. 따라서 설문에 협조한 사람들은 평균적 시민들과는 달리 정치에 관심이 많은 정치 고관여층이거나 특정 정치이념이 투철한 사람들이 아닐까 추측하게 된다.

만일 협조율이 낮더라도 응답 표본으로 선정되고 협조한 사람들의 특성이 응답 거부자들과 별반 다르지 않다면 협조율 지체는 문제기 되지 않는다. 그러나 협조자들이 모집단과 다른 정치적·사회적 정향을 가진 사람들이라면 그런 부류의 사람들이 정치나 사회에 관한 설문에 응답한 정보를 통해 추정한 결과를 전체 국민의 여론이라고 말할 수 없을 것이다. 응답률이 낮아지는 것의 문제는 정확히 말하면 표본 구성에 편향성(bias)이 생길 가능성이 커지기 때문에 문제로 지적하는 것이다.

현행 여론 조사 기관들이 면접이나 전화 설문 조사를 할 때 표본 구성은 할당표집 방식을 사용하는데, 모집단의 인구통계 변수 정보를 사용하여 표본의 대표성을 강제로 확보하는 방식이다. 즉 국민 전체의 성별·연령·지역별 분포에 따라 표본 구성 분포를 맞추는 것이다. 만일 서울에 거주하는 20대 남성이 전체 인구 중 3.5%를 차지한다면 1,000명의 응답 표본 중 35명이 할당되어 20대 남성 35명을 조사에 포함시키는 방식이다. 협조율이 높다면 무작위 표본추출 방식을 사용해도 표본집단의 구성 분포는 모집단인 국민 전체의 인구통계 비율과 유사할 것이다. 그런데 협조율이 매우 낮은 상황에서 무작위 표본추출 방식을 사용하면 표본집단 구성에서 특정집단이 과도하게 많거나 작은 편향성이 나타난다. 따라서 대안으로 할당표집 방식을 사용하는 것이다.

하지만 할당표집에 모집단의 성별·연령·지역별 분포가 반영되었다고 해도 표본의 대표성이 보장되는 것이 아니다. 왜냐하면 인구통계적 기준에서 대표성을 확보한다 해도 고려되지 않은 다른 요인에 따른 집단별로 접촉률이나 협조율이 다르기 때문이다. 예를 들어 유선 전화 방식의 조사라면 1인 가구나 자녀가 없는 가구를 접촉하기 어렵다. 만일 휴대전화를 이용한 조사라면 이념이나 정치 관심과 같은 변수들이 협조 여부에 영향을 미칠 가능성이 높다. 그렇다면 성별·연령·지역별 분포 기준에 따라 할당된 표본 중에서 협조자는 그 집단의 평균보다 이념 성향이 강하거나 평상시 정치에 관심이 있는 사람들이 포함될 것이다. 즉 인구통계적 변수에 따른 할당표집은 고려하지 않은 변수들에 의해 발생하는 편향을 피할 수 없다.*

할당표집 방식을 사용할 때 조사 현장에서 겪는 문제는 웬만한 노

---

* 할당표집 방식을 이용한 조사에서 협조율이 설문의 질을 결정하는 요인이 될 수 있는지 논의해야 하는 바가 있다. 할당된 응답 대상을 찾으려는 노력이 많아질수록 접촉자 수는 늘어나기 때문에 협조율은 낮아지게 된다. 즉 할당 목표 달성률이 높으면 실제 사례 확보 비율이 높아지고 보정을 위한 가중값은 작아지므로 바람직한 결과다. 그러나 이 과정에서 할당 목표 응답자를 찾기 위한 노력으로 인해 접촉자 수가 늘어나게 되므로 협조율이 낮아지게 된다.

한국의 여론 조사, 실태와 한계 그리고 미래

력으로는 할당된 표본들을 완벽하게 모두 채울 수 없다는 점이다. 따라서 할당을 다 채우지 못하더라도 일정 비율 이상의 할당치를 조사한 후에는 가중값을 사용하여 보정하는 방식을 사용한다. 예를 들어 전국 인구 중 20대의 비율이 17%인데 실제 조사에서는 12%밖에 조사하지 못했을 때(갤럽, 리얼미터 2022년 11월 4주) 가중값을 사용하여 모집단과 같은 비율이 되도록 조정한다. 이 경우 가중값은 1.45가 된다. 만일 할당된 표본의 절반만의 응답을 얻었다면 가중값은 2가 될 것이다. 이 경우에는 통계 분석에서 실제로는 1명의 응답을 2명으로 간주하는 셈이 된다. 가중값이 커진다는 것은 해당 집단에 속하는 협조자를 찾기 어렵기 때문에 발생하는 것이며, 어렵게 구한 협조자들은 그 집단 평균과 큰 차이를 보일 가능성이 높다. 또한 가중값은 할당표집 방식을 사용할 때 인구통계적 분포를 맞추기 위한 보정 수단이기 때문에 응답이나 참여에 영향을 미칠 수 있는 다른 요인들은 고려되지 않으므로 가중값을 이용한다고 대표성이 확보될 것이라고 오해해서는 안 된다.

한편 여론 조사 방식에 따라 여론 조사 결과가 달라질 수 있으며 조사를 부실하게 만들 수 있다는 점도 조사의 부정확성과 관계가 깊다. 여심위에 등록된 2022년 6월 한 달 동안 정치 관련 전국 단위 여론 조사가 28회였다. 이 중 전화 면접 조사가 10회이고 ARS 조사가 18회였다. 정기 조사를 실시하는 갤럽과 리얼미터를 제외하면 전화 면접 조사 5회, ARS 조사가 14회다. 정치 관련 조사에서 ARS 조사가 월등히 많은 이유는 조사의 신속성과 저렴한 비용이라는 장점때문이라는 점을 볼 때 앞으로 ARS 조사 비율이 더 높아질 것으로 예상된다. 위에서 본 바와 같이 ARS 조사에서 협조율이 5% 이하로 낮아졌음에도 불구하고 향후 협조율을 획기적으로 향상시킬 방안은 없어 보인다. 더구나 조사 실무자들뿐만 아니라 정치 분석가들도 낮은 협조율로 인한 표본의 대표성 문제를 심각하게 여기지 않고 있다.

위에서 살펴본 것과 같이 전화 면접 조사의 협조율이 ARS 조사 방식보다 훨씬 높다. 이를 바탕으로 전화 면접 조사 방식이 더 정확하다는 주장이 있다. 반면에 조사 방식에서 따라 응답자의 솔직함의 정도가 다르다는 점에 주목할 필요가 있다는 의견도 있다. 조사원이 직접 묻는 면접 방식과 응답자들이 전화기 버튼을 눌러 응답하는 ARS 방식을 비교해 보면 전화 면접 방식보다 ARS 방식일 때 좀 더 솔직하게 응답할 가능성이 있다는 것이다. 직접 면접원이 묻는 상황에서는 설문 내용에 따라서 때로는 응답자들이 사회적으로 바람직하다고 생각하는 답변을 해야 한다는 심리적 압박을 느낄 것이기 때문이다. 이런 관점에서 보면 전화 면접 조사가 ARS 조사보다 더 정확한 여론 조사라고 말할 수는 없다.

사실 두 가지 조사 방식 중 어느 것이 여론을 더 정확히 측정하는지 판단하기 어렵다. 그 이유는 현실적으로 참된 여론이 무엇인지 알지 못하기 때문에 두 조사 방식에 따른 결과에 차이가 있다고 해도 과연 어떤 조사 결과가 참된 여론과 더 가까운지를 판단할 수 없다. 다만 현실적으로 비용이 저렴하고 짧은 시간에 조사를 끝낼 수 있다는 실용적 판단에 따라 ARS 조사 방식이 선호되고 있는 실정이다. 따라서 널리 사용되고 있는 ARS 조사 방식의 한계를 규명하는 데 노력을 기울여야 한다.

여론 조사를 부정확하게 만드는 또 다른 요인은 설문 내용과 관련된 것이다. 정치 여론 조사 중 가장 많은 것이 대통령 직무 평가와 정당 지지도에 관한 것이다. 최근 대통령의 업무에 대해 어떻게 평가하는지를 묻는 설문에서 과연 응답자들이 대통령의 국정 운영에 대해 어느 정도 정보를 가지고 평가하는지 의문이다. 어쩌면 응답자들은 조사 시점에서 대통령에 대한 객관적 업무 평가가 아니라 평상시 대통령에 대한 호감 여부를 표현하는 것이 아닐까 싶기도 하다. 2022년 1월 2주차 갤럽의 조사를 보면 문재인 대통령 직무에 대한 긍정적 평가는 42%이다. 그런데 긍정 평가자 중 28%는 정부가 코로나19에 잘 대처하고 있다는 점이 긍정 평가의 주된 이유라고 답했다. 반면에 문 대통령의 직무 수행을 부정적으로 평가한 사람들의 15%는 코로나19 대처가 미흡하기 때문에 부정적으로 평가했다고 답했다.

당시 코로나19 신규확진자 수가 일일 3천 명 내외라는 객관적 사실이 공개되고 있는 상황에서 코로나19에 대한 정부 대처에 긍정과 부정 평가가 동시에 유의미한 비중을 차지하는 이유는 아마도 평상시 문재인 대통령에 대한 호감의 차이에 따른 것일 수 있다. 2월 말 신규 확진자가 하루에 14만 명으로 폭발적으로 늘었지만, 긍정 평가자 중 20%는 여전히 코로나19에 대한 정부 대처가 긍정 평가의 이유라고 밝히고 있다. 결국 대통령 직무 평가 설문은 대통령의 최근 업무에 대한 평가라고 하지만 실제는 대통령 지지도를 측정한 것이라 보아야 할 것이다.

정기적으로 언론에 발표되는 정당 지지도 조사 결과 역시 현재 설문 조사 방식이 타당한지에 대해 의구심이 든다. 2022년 1월 2주차 갤럽 조사를 보면 민주당과 국민의힘 지지율은 각각 33%와 34%로 오차 범위를 고려하면 차이가 없다. 비슷한 시기에 조사한 리얼미터의 결과도 민주당 지지가 33.6%이고 국민의힘은 34.6%로 차이가 없는 셈이며 갤럽 조사와 거의 일치한다. 그런데 여기서 주목해야 할 조사 결과는 무당층 비율이다. 갤럽 조사에서 무당층은 19%이고 리얼미터 조사에서는 11.8%였다. 무당층이란 지지하는 정당이 없다는 응답자를 말하는데, 정치 혐오 수준이 높은 한국 정치에서 무당파 비율이 20%도 되지 않고 지지정당이 있다는 사람은 80% 이상이란 게 믿기 어렵다.

매주 발표되는 정당 지지도는 좀 더 심도 있는 조사의 결과와 상당한 차이를 보인다. 한국행정연구원은 매년 8,000명 이상의 응답자를 대상으로 전국 단위 직접 면접 조사를 실시하여 국가 승인 통계 결과물을 생산한다. 이 조사는 일반 여론 조사와 달리 지지정당 유무를 묻는 독립된 선행 설문항이 있고, 다음으로 지지정당이 있다는 응답자들만을 대상으로 어느 정당을 지지하는지를 묻는다. 조사 결과에 따르면 지지정당이 있다는 응답은 2020년과 2021년 조사에서 각각 41.5%와 39.6%였다. 따라서 절반이 훨씬 넘는 응답자들이 무당파로 분류된다. 매주 실시하는 상업 기관의 여론 조사와 한국행정연구원의 조사 결과가 이처럼 큰 차이를 보이는 이유는 조사 방식의 차이 때문이 아니라 설문 구성 방식 때문이다. 이에 관한 자세한 내용은 이 책의 제4장에서 자세히 다룬다.

이 절에서는 현재 시행하는 설문 조사가 두 가지 면에서 정확한 설문 조사의 기준에 미치지 못하는 문제가 있다는 점을 지적하였다. 첫째로 전국 단위 분석에 충분한 응답 표본 수를 확보했다고 해도 낮은 협조율로 인해 응답 표본이 모집단을 대표하지 못하는 문제가 있음을 지적하였다. 전화 면접의 경우 할당표집 방식을 주로 사용하는데, 이 경우에 성별·연령·지역별 비율에 따른 할당 방식으로는 표본집단의 대표성을 보장할 수 있는 없다는 점과 목표 할당을 보정하기 위해 가중값을 사용하는 것이 해결책이 되지 못한다는 점을 지적하였다. 이 주제에 관해서는 제3장에서 좀 더 자세히 설명한다. 두 번째로는 설문 문항에 관한 것으로 정치 여론 조사의 대표적인 설문인 대통령 업무 평가와 정당 지지 항목이 원래 취지의 여론을 제대로 측정하지 못하고 있다는 점을 지적하였다. 이 두 가지 문제 역시 각각 제3장과 제4장에서 자세히 설명한다. 여론 조사의 질 평가는 조사 과정이 과학적 조사 기준을 충족시키는지 여부로 살필 수 있지만 아울러 조사 결과가 실제 여론과 일치하는지 예측의 정확성 측면에서도 확인해 볼 수 있다.

3. 선거 여론 조사의 예측 실패

여론 조사 중 선거 여론 조사가 유일하게 사후에 조사의 정확성을 따져 볼 수 있다. 선거가 끝난 후 선거 여론 조사 예측을 실제 선거 결과와 비교한 후 여론 조사를 믿을 수 없다고 하는 부정적 언론기사들이 낯설지 않다. 선거 기간 내내 수없이 많은 선거 조사 결과가 쏟아질 때, 같은 기간에 조사한 결과들이 조사 기관에 따라 지지율 차이뿐 아니라 후보의 지지 순위가 다른 경우도 흔하다. 그러다 보니 어떤 조사가 맞는 것인지 혹은 모두 틀린 것인지 도대체 알 수 없는 지경에 이른다. 선거 여론 조사가 정확하지 않다는 명백한 증거는 실제 선거 결과와 선거 예측의 오차가 상당하다는 데서 확인된다.[*]

---

[*] 선거 여론 조사는 국민 전체를 대상으로 지지도를 조사한 것이기 때문에 투표에 참여할 의사가 없는 표본들이 포함되어 있다. 선거 예측을 목표로 하는 조사는 응답자가 투표 의사가 있는지를 확인하는 필터링 설문을 채택하는 것이 일반적이다. 따라서 일반 여론 조사의 후보 지지도와 선거 후 후보 득표율을 비교하는 것은 타당하지 않다는 주장이 있다.

그동안의 사례를 보면 득표율 예측의 큰 오차 정도가 아니라 승패 예측조차 틀린 경우가 수없이 많았다. 2016년 20대 총선에서 리얼미터의 선거 예측과 선거 결과를 비교해 본 것이 아래의 〈표 1-2〉다. 특히 종로구에서 격돌한 정세균-오세훈 후보 간의 선거 예측이 최악의 사례라 할 수 있다. 당시 공중파 방송인 KBS와 SBS는 오 후보가 10%p 이상의 차이로 승리할 것이라 예측하였다. 그러나 실제 투표 개표 결과 정 후보가 13%p에 달하는 큰 차이로 승리하였다. 주요 언론의 선거 예측이 득표율은 물론이고 선거 승자도 제대로 맞추지 못한 것이다. 마찬가지로 용산구와 영등포을에서도 리얼미터는 승자를 잘못 예측했다. 그리고 비록 승자는 맞췄지만, 노원병의 경우 안철수 후보가 예측보다 10%p 이상 훨씬 더 많은 득표를 했다. 양천을의 경우 새누리당 김용태 후보의 낙승을 예상했지만 선거 결과는 2%p 정도의 박빙 선거로 나타났다.

〈표 1-2〉 선거 예측의 오류(20대 총선)

지역	후보명	득표 예측	선거 결과	승자 예측
종로구	오세훈	42.2	39.7	틀림
	정세균	35.4	52.6	
용산구	황춘자	38.1	39.7	틀림
	진영	30.0	42.8	
노원병	안철수	40.9	52.3	맞음
	이준석	33.0	31.3	
양천을	김용태	41.3	42.0	맞음
	이용선	25.8	39.9	
영등포을	권영세	35.2	37.7	틀림
	신경민	25.1	41.1	

선거 예측 조사에서 가장 많이 오류가 발생하는 것은 지방선거다. 2018년 지방선거를 보면 인천, 충남, 강원도지사 선거 예측(YTN)이 틀렸다. 서울시 장의 경우도 오세훈 후보가 52.1%를 득표하여 41.6%를 얻을 것으로 예상 된 한명숙 후보를 압도할 것으로 예측했지만 선거 결과는 0.6%p 차이로 박빙이었다. MBN은 오 후보가 한 후보보다 21%p나 앞서는 것으로 잘못 예측하였다.

　　선거 여론 조사의 예측 오류 문제는 설문 조사 기법이 가장 발달한 미국도 예외가 아니다. 2016년 11월 8일 화요일은 미국의 제45대 대통령을 뽑는 선거 당일이었다. 〈그림 1-1〉에서 보는 바와 같이 선거 당일 아침 10시 뉴욕타임스 인터넷판의 헤드라인은 '미국 대선에서 힐러리가 승리할 확률은 85%'였다. 아래의 도표에서 보는 바와 같이 선거 6개월 전부터 힐러리 후보의 우세가 지속되었고 특히 선거를 한 달 앞둔 10월부터는 공화당의 트럼프 후보와 격차가 더 벌어졌다. 전국적으로 평판이 높은 10개 조사 기관 중 9개가 클린턴의 승리를 점쳤고, 단 한 곳만이 트럼프가 2%p 앞서고 있지만 그나마 오차 범위를 감안하면 승자를 정할 수 없다고 최종 선거 예측을 했다. 이처럼 거의 모든 조사 기관들이 힐러리의 승리를 예측했지만, 선거 결과는 트럼프의 승리였다. 1930년대부터 과학적 여론 조사의 기법을 내세워서 대선 여론 조사와 결과 예측을 했던 미국 조사 업계의 최악의 실패 사례였다.*

---

* 조사 전문가들은 승패 예측이 틀렸다는 이유로 여론 조사가 실패했다는 점에 동의하지 않는다. 미국 선거의 특성상 선거인단 선거에서 트럼프가 이겼지만, 유권자 투표에서는 힐

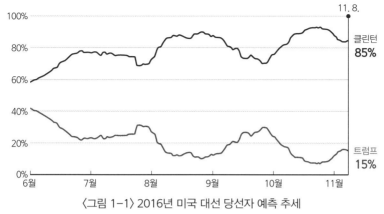

출처: https://www.nytimes.com/interactive/2016/upshot/presidential-polls-
forecast.html#trend

〈그림 1-1〉 2016년 미국 대선 당선자 예측 추세

이 같은 예측 실패를 거울삼아 2020년 조사에는 응답자의 교육 수준을 포함해서 더 많은 요인을 고려하여 선거 예측을 했지만, 결과는 기대와 달리 신통치 않았다. 2020년 대선에서 민주당 바이든 후보의 득표율을 53.4%로 예측했지만 실제 득표는 51.3%로 오차가 3.1%p이고, 트럼프 후보 예측 득표는 45.4%였지만 실제 득표율은 실제 득표는 46.8%로 차이는 1.4%p였다. 바이든이 승리할 것이라는 예측은 맞았으나 여전히 예측 오차는 기대한 수준에 도달하지 못했다.

위에서 최근의 여론 조사 예측의 실패 사례를 살펴보았다. 역사상 가장 잘 알려진 여론 조사 예측의 실패는 1936년 리터러리 다이제스트(Literary Digest)사의 선거 예측 조사일 것이다. 미국 교양잡지《리터러리 다이제스트》가 1936년 미국 대통령 선거를 잘못 예측한 사례

러리가 2% 더 득표했다. 선거 설문 조사는 힐러리가 득표에서 3% 앞설 것으로 예측했다.

는 조사 업계에서는 최악의 사건으로 기록되어 있다. 이 잡지사는 공화당의 랜든(Alfred Landon)후보가 승리할 것이라 예측했지만 민주당의 루즈벨트(Theodore D. Roosevelt)가 큰 표 차이로 대통령에 당선되었다. 이 잡지사가 최종적으로 집계한 예측 결과에 따르면 랜든이 55% 그리고 루즈벨트는 41%를 득표한다는 것이었다. 실제 개표 결과는 루즈벨트 61%를 획득했고 랜든은 겨우 37%를 얻는 데 그쳤다. 엄청난 득표 차는 물론이고 승자 예측마저 틀린 것이다.

이처럼 잘못된 예측의 근본 원인은 표본추출 오류에 있었다. 지금과 달리 당시 부유층의 소유물인 자동차와 전화 보유자 명단을 대상으로 표본을 추출함으로써 공화당 후보에게 우호적으로 편향된 응답 표본을 조사를 실시한 것이다. 한마디로 표집틀이 경제 수준이 높고 주로 공화당에 지지편향을 가진 응답자들로 구성되어 모집단 전체를 제대로 대표하지 못한 것이다. 자동차나 전화 소유자만을 표본추출 대상으로 하였기 때문에 경제적으로 하층에 속한 유권자들은 애초에 표집틀에 제외된 것이 문제였다. 당시 조사 표본의 규모는 엄청났다. 1,000만 명의 표본을 대상으로 우편 설문을 발송하였고 230만 명으로부터 응답을 받았지만 표집틀 설정의 오류로 인해 예측이 실패한 것이다.

여기서 잘 알려진 위의 내용에 추가하여 한 가지 더 주목해야 할 발견이 있다. 추후 조사 자료를 심도 있게 분석한 결과 표집틀의 문제뿐 아니라 회신한 응답자들에서 편향성이 있다는 것이 발견되었다. 회신한 23%의 응답자들이 전체 표본보다도 훨씬 공화당 지지편향을 가지고 있었다는 것도 밝혀진 것이다(Squire 1988). 이러한 발견이 중요한 이유는 앞에서 지적한 표집틀의 문제는 만일 다시 조사를 실시한다면 해결 가능한 것이지만 공화당 지지자들이 민주당 지지자들보다 협조율이 높다는 것은 응답자들의 고유 성향이므로 연구자가 통제할 수 없는 문제라는 사실 때문이다. 할당표집 방식뿐만 아니라 무작위 추출 방식을 사용한다 해도 모든 응답 표본들이 협조하는 것이 아니라 그들 중 일부만이 응답에 참여하는데, 정치 성향에 따라 협조율이 다르다고 한다면 특정 정치 성향의 응답자들이 더 큰 비중을 차지하게 된다는 점에서 표본추출 방식 수준에서 해결될 수 없는 문제다. 예를 들어 응답 표본 중 여당 성향 응답자들의 설문 협조 의사가 더 강하다면 모집단의 여야당 성향 분포에 비해 조사 자료에서는 여당 비율이 더 높게 나타날 것이다. 설문 협조율이 낮고 설문 협조자들이 전체 국민과 다른 정치 정향 분포를 보인다면 표집틀 자체의 문제가 아니라 하더라도 설문 결과가 여론을 제대로 측정하지 못하게 될 가능성이 커지게 된다. 이 문제의 심각성에 대해서는 제3장에서 상세히 다루도록 한다.

제2장

여론 조사 어떻게 하나

여론 조사는 조사 과정에서 여러 단계의 작업이 모두 오류 없이 진행될 때 진실된 여론에 가까운 조사 결과를 도출할 수 있게 된다. 여심위에서 각 단계에서 지켜야 할 최소한의 조건들을 규정하고 있는 것도 조사 과정 중 어느 한 단계에서 원칙을 제대로 지키지 못한다면 다른 단계에서 충실한 작업이 수행된다고 하더라도 부정확한 조사가 되기 때문이다. 조사 현장에서는 조사 원칙들을 충실히 따라야 한다는 준칙 의식은 비용과 시간 그리고 윤리적 조건에 따라 상당히 제약된다.* 즉 조사 원칙에 매달려서 실제 조사를 실시하기에는 어려운 현실적 조건들이 존재하는 것이다. 그럼에도 불구하고 조사를 실시하기 전에 각 단계의 원칙과 문제가 야기될 가능성은 무엇인지를 제대로 인식하는 것이 중요하다. 이 장에서는 여론 조사 진행 과정의 흐름에 따라 각 단계에서 지켜야 할 원칙들을 살펴보고 아울러 어떠한 문제가 발생할 가능성이 있는지를 설명한다.

---

* 비용적 제약은 표본의 크기와 조사 방식을 결정하는 데 가장 중요한 고려 사항이다. 표본 규모가 클수록 좋지만 조사비용이 이를 제약한다. 만일 응답 신뢰성에서 큰 문제가 없다면, 대면 조사보다 저렴한 전화 면접이 조사 주체에게 매력적으로 느껴질 것이다. 시간적 제약은 조사 기간과 관련이 깊다. 대면 면접 조사는 상당한 조사 기간을 요하는 데 비해 전화 면접 조사는 현재 조사 업체들의 역량으로는 하루에 1,000명 이상 조사가 가능하므로 언론이 요구하는 신속한 조사 결과를 만들어 내기 위해서는 전화 면접이 선호된다. 윤리적 제약은 인간을 대상으로 하는 조사인 만큼 법규상 윤리위원회의 검증을 받아야 하는 것을 말한다.

1. 여론 조사 전반적 과정

여론 조사 수행의 전반적인 과정은 〈그림 2-1〉과 같다. 조사 주제와 조사를 위한 예산 규모가 결정되었다면 실사를 수행할 조사 기관을 선정하게 된다. 이때 신뢰할 수 있는 조사 회사를 정하는 것이 가장 중요하다. 조사 회사가 수행하는 어떠한 방식의 조사가 가능한지 확인해야 한다. 왜냐하면 한국 조사 시장에서 전화 면접을 수행하는 조사 회사들은 ARS 조사를 겸하고 있지 않으며, 반대로 ARS 조사 방식을 사용하는 회사들은 전화 면접 조사를 수행하지 않고 있기 때문이다.* 만일 웹 조사를 계획한다면 반드시 충분한 수의 응답자 표본

---

* 한국조사협회는 ARS 조사와 관련된 행동 규범을 통해 회원사는 ARS를 이용한 조사가 과학적 조사 방법이 아니라는 점에 동의하고 향후 ARS 조사를 수행하지 않는다고 결의했다(제 1조). 이를 어겼을 경우에는 협회 정관을 위반한 행위로 보고 회원 제명을 요청한다고 규정하고 있다(제2조). 따라서 대면 조사나 전화 면접 방식을 사용하는 한국조사협회에 회원인 조사 회사들은 ARS 조사를 실시하지 않고 있다.

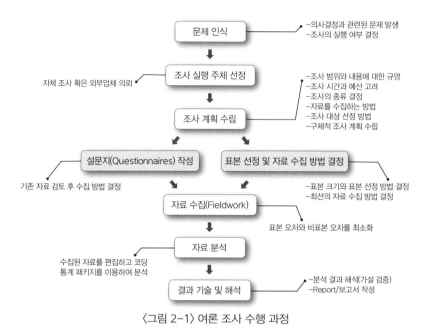

<그림 2-1> 여론 조사 수행 과정

집단을 관리·유지하고 있는 회사인지를 확인하는 것이 필수적이다.

조사 회사를 선정한 이후에 많은 결정은 조사 기관과 협의하에 결정하게 된다. 여기에는 적절한 설문 형식을 포함하여 예산의 범위 내에서 가능한 표본의 규모도 정하게 된다. 현재 가장 보편적으로 사용되는 조사 방식은 전화 면접 설문과 전화자동응답시스템인 ARS다. 전화 면접이란 전화를 이용해 조사원이 직접 응답자와 접촉하여 설문을 읽어 주고 응답을 컴퓨터에 기록하는 방식이다. 만일 응답자가 설문 내용을 정확히 이해하지 못하거나 궁금한 것이 있을 때는 조사원에게 추가 설명을 요청할 수 있는 쌍방형의 소통방식이다. ARS 방식의 조사는 설문 내용을 녹음한 후 응답자와 통화가 이루어지면 녹음된 내용이 제공되어 설문을 시작하고 응답자는 녹음된 설문 진행에 따라 원하는 응답을 전화버튼을 통해 선택하여 컴퓨터에 입력하게 된다. 최근 들어 휴대폰을 이용한 애플리케이션 조사가 급격히 늘어나는 추세다.

이전에 웹 조사는 인터넷을 통해 설문지를 배포하고 답장을 받는 방식으로 설문지를 회수하는 방식을 택했지만, 최근에는 휴대전화로 설문 협조 요청을 하면서 URL을 제공한다. 협조 의사가 있는 사람들은 제공받은 URL에 접속하여 휴대전화 화면에 맞게 디자인된 설문항에 답변을 하면 조사자의 서버에 응답이 저장된다. 따라서 중도에 설문을 중단하더라도 그때까지 응답한 내용들은 기록으로 남게 된다. 대부분의 애플리케이션 조사는 무응답을 허용하지 않도록 디자인되어서 무응답 상태로 다음 질문으로 넘어가지 않도록 프로그램되어 있다. 어떤 조사 방식을 선택하는지에 따라 설문항의 개수와 표현 방식이 제한될 수 있기 때문에 설문 주제에 알맞은 조사 방식을 신중히 선택해야 한다. 설문 조사 초기 단계에서 표본추출과 설문지 작성 등을 단순한 작업으로 생각될 수 있지만 자료의 질을 결정하는 중요한 단계이므로 유의해야 할 점이 상당히 많다.

먼저 표본추출은 무작위 추출을 원칙으로 하지만 실제 면접 조사에서는 대부분 할당표집 방식이 사용된다. 완전한 무작위 추출 방식을 사용하지 않는 것은 낮은 협조율과 상관이 있는데, 전화 면접 조사에서 임의번호걸기(RDD, random digit dialing) 방식을 이용하면 집단이 불균형하게 모일 염려가 있다. 예를 들어 남성에 비해 상대적으로 여성 응답자의 비율이 낮아서 모집단인 18세 이상 전국 성인의 성비와 상당한 차이가 나게 된다. 만일 협조자 집단이 모집단을 대표하지 못한다면 표본 정보를 통한 모집단 추정에 편향이 발생한다. 이러한 경우라면 표본집단의 규모에 관계없이 설문 자료의 질이 낮을 수밖에 없다. 이처럼 표본집단이 모집단의 특성과 일치하지 않는 문제를 해결하기 위해 대면과 전화 면접 조사에서는 모집단의 성별·연령·지역별 비율에 따라 표본을 할당하는 방식을 택하고 있다. 물론 앞에서 지적한 바와 같이 인구통계 변수를 통한 표본 할당이 모집단에 대한 대표성을 보장하지 않는다.

한편 추출된 표본이 모집단을 대표하기에 충분하다 하더라도 설문 문항이 부적절해서 응답자의 태도를 정확히 측정하지 못한다면 조사 결과는 잘못된 정보를 제공하게 된다. 설문지 작성을 소홀히 할 수 없는 이유는 만일 표본추출에 문제가 있다면 협조율이나 표본 구성비 분석을 통해 부분적으로 오류의 원인을 파악하는 것이 가능하지만, 설문 문항이 부적절해서 측정에 오류가 발생한 것이라면 대부분의 경우 설문 문항으로 인해 어떠한 오류가 어떻게, 그리고 얼마나 발생했는지 확인하기는 매우 어렵기 때문이다. 요약하면 설문 조사 설계 과정에서 반드시 기억해야 할 것은 표본추출이나 적절한 설문지 작성에 실패하게 되면 조사 자료의 질이 낮아지게 되며 일단 조사가 종료된 이후에는 자료의 질을 개선할 수 있는 방법이 없다. 조사 분석에서 통계 분석 방식이나 해석의 오류는 차후 수정이 가능하지만 자료의 질이 낮으면 어떠한 분석 기법으로도 이를 만회할 수 없다.

2. 여론 조사 방식

　여론 조사를 수행하는 방식은 직접 대면 조사, 우편 조사, 전화 면접 조사, ARS 조사 그리고 웹 조사로 구분된다. 대면 조사는 조사원이 직접 응답자를 만나서 면접을 실시하는 방법으로 가장 오래되었으며 다른 조사 방식에 비해 협조율이 상대적으로 높기 때문에 자료의 질을 유지하는 데 유리한 방식으로 알려져 있다. 이 방식의 가장 큰 장점은 조사원과 응답자가 직접 만나기 때문에 응답자가 설문과 응답 과정에서 추가적으로 필요한 정보를 제공해 줄 수 있다는 점이다. 또한 카드 등 보조적 시각자료(show card)를 이용함으로써 다양한 방식의 설문이 가능하고 응답자의 설문 이해에도 도움을 줄 수도 있다. 대면 조사에서는 높은 협조율뿐만 아니라 설문항 무응답(item nonresponse) 비율도 낮아 다른 방식에 비해 조사의 정확도가 높은 것으로 알려져 있다.

그러나 면접 조사에서는 비표본 오류의 일종인 조사원의 편향성을 줄이기 위해 상당한 수준의 조사자 교육과 경험이 요구된다. 조사원들 사이에 조사 태도가 모두 일정하지 않을 경우 응답에 영향을 미치게 되어 조사의 정확성이 낮아질 가능성이 우려된다. 따라서 대면 조사에서는 조사원들이 충분히 훈련되어야 한다는 점이 강조된다. 대면 조사의 가장 큰 문제는 조사 비용이다. 표본의 크기와 설문항의 길이에 따라 비용은 달라지지만, 응답자에게 지불하는 사례비를 포함한다면 표본 당 10만 원가량의 비용을 감수해야 한다. 또한 응답자가 조사 현장에서 즉시 응답을 해야 하기 때문에 우편 조사나 웹 조사에 비해 응답을 위한 충분한 시간을 갖지 못한다는 단점이 있다. 그리고 조사원과 응답자가 직접 대면하기 때문에 응답자가 사적인 정보를 제공하는 데 예민할 수 있다. 따라서 조사원은 인터뷰를 실시하기 전에 응답자와 충분한 신뢰를 쌓도록 해야 한다.

또 다른 문제는 전화 면접의 경우 녹음을 통해 설문 과정을 기록으로 남길 수 있지만 대면 조사의 경우에는 녹음에 대한 응답자의 부담을 감안할 때 추천되지 않는다. 따라서 대면 조사 방식의 경우에는 응답 기록 보관이 쉽지 않다. 또한 조사 기간도 다른 조사 방식에 비해 길기 때문에 긴급한 이슈에 대한 여론을 조사하기에는 적합하지 않다. 그럼에도 직접 면접 방식으로 수집된 설문 자료의 신뢰성이 높기 때문에 현재 한국에서 국가공인통계로 인정받을 수 있는 조사 방식은 대면 조사뿐이다.

두 번째로 우편 조사는 응답 대상자들이 우편을 통해 설문지를 받아 본인이 직접 설문 답변을 하고 이를 다시 반송하는 방식의 조사를 말한다. 조사 기관에서 선정된 표본들에게 우편물 패키지를 발송하는데, 여기에는 조사 목적과 참여를 부탁하는 안내문과 설문지 그리고 무료 반송용 봉투가 포함된다. 또한 조사 참여를 독려하기 위해서 현금 가치의 물품을 우편 패키지에 포함하는 경우도 많다. 우편 조사는 대면 방식에 비해 월등히 적은 비용으로 조사가 가능하다. 또 다른 장점으로 운영을 잘한다면 자료의 질이 대면 조사보다 낮지 않을 수 있다. 왜냐하면 응답자들이 선택지를 고를 때 사용하는 척도 방식을 고안할 때 자기기입식 종이 설문 방식을 기반으로 하였기 때문에 대면 조사 방식보다 우편 조사 방식에서 응답자들이 특별한 어려움을 겪을 이유가 별로 없다. 더구나 응답자들이 우편 조사에서 대면 조사보다 더 솔직할 수 있는 여건이라는 것을 감안한다면 높은 수준의 데이터 질을 기대할 수 있다. 또한 종이 설문지는 응답자로 하여금 시험과 같은 분위기를 조성하기 때문에 상당한 집중력을 기대할 수도 있다.

우편 조사는 위에서 언급한 장점과 더불어 몇 가지 단점을 가지고 있다. 먼저 표본 선정에 있어 응답자 거주지를 확인해서 발송할 수는 있지만 표본으로 선정된 본인이 직접 설문 응답을 작성했는지를 확인할 수 없다. 또한 응답자들이 응답 작성을 설문지에 기재된 순서대로 응답한다는 보장도 없다. 응답 태도가 설문 순서에 따라 달라질 수 있는데, 아무런 통제가 없는 상태에서 응답자의 자기 기입 방식이기 때문에 후반부의 설문에 먼저 답한다 해도 이를 통제할 수 있는 방법이 없는 것이다. 또한 다른 조사 방식에 비해 응답자들이 상당수의 문항에 답변을 하지 않아 부실한 설문 자료가 발생할 확률도 높다.

다음으로 전화 면접 조사는 전화기를 통해 조사원이 응답자들 면접하는 방식으로 1970년대부터 현재까지 가장 많이 사용되는 조사 방식이다. 기술 발달에 따라 전화 면접 조사도 CATI(computer-assisted telephone interviewing)를 통해 자료의 질을 향상시켰다. 전화 조사 초기에는 조사원들이 전화번호부를 이용하여 일정 간격의 전화번호에 전화를 거는 방식을 사용했다.* 조사원들은 응답 내용을 종이에 표시하고 차후에 통계 분석이 가능하도록 컴퓨터에 입력하는 과정을 거쳤다. 현재 사용하는 CATI는 컴퓨터가 조사원에게 전화를 자동으로 연결시켜 주고 면접을 시작하면서 설문항을 컴퓨터 모니터에 보여 주기 때문에 조사원의 면접 부담을 크게 줄여 준다. 아울러 응답 내용을 바로 컴퓨터에 입력하도록 되어 있다. 이 과정에서 필터링이 있는 항목은 자동으로 생략하거나 필요한 경우에는 부차적인 질문을 추가로 묻도록 프로그램화 할 수 있기 때문에 자료 입력의 정확성을 높일 수 있다. 예를 들어 정당 지지도를 묻는 설문에서 정당명을 불러 줄 때 순환(rotation)하는 방식을 원한다면 이전에는 일일이 조사원이 순서를 바꿔 읽어 줘야 했지만 CATI 방식에서는 무작위 순서로 정당 이름을 모니터 화면에 띄워 주기 때문에 조사원의 부담을 줄여 준다. 그리고 컴퓨터를 통해 전화 접촉 상태(받지 않음, 통화 중, 면접 개시)와 통화 내용을 모두 저장할 수 있다는 것도 큰 장점이다.

전화 면접은 대면 조사에 비해 비용이 싸고 빠르다는 장점이 있어

---

* 예를 들어 전화번호부 첫 장에서 10번째 전화번호를 선정하고 다음으로 다시 10번째에 해당하는 전화번호를 사용한다. 이때 선정된 번호가 통화가 불가하거나 거부한 경우 11번째 번호를 사용하고, 그다음에는 설문에 성공한 번호에서 다시 10번째 전화번호에 통화를 시도하는 방식이다.

현재 가장 선호되는 조사 방식이다. 과거에는 집 전화를 이용해 조사를 실시하였지만 최근에 휴대전화 보급률이 높아지면서 이를 이용한 조사가 일반화되었다. 휴대전화를 이용한 조사는 개인 접촉이므로 집 전화를 이용할 때 주부나 노령층 비율이 높게 나타나는 표본 편중성 문제가 발생하지 않는다는 장점이 있다. 여심위는 야간(오후 10시부터 다음 날 오전 7시까지)에는 전화를 이용하여 선거 여론 조사를 실시할 수 없다고 정해 놓고 있다. 전화 면접 조사의 가장 큰 한계는 낮은 협조율이다. 특히 휴대전화에서 발신자 정보 제공 서비스는 응답자와 통화를 개시하는 것 자체를 어렵게 만들었다.[*]

최근에 전화 조사 방식 중 면접 이외에 자동응답시스템(ARS)을 이용하는 방법이 많이 이용되고 있다. 비용적 측면에서 보면 1,000명을 조사할 때 전화 면접 조사는 1,500만 원 정도가 드는 데 비해, ARS 조사는 500만 원 정도로 경제적 부담이 적은 것이 큰 장점이다. 아울러 조시 기간도 전화 면접은 1,000명 기준으로 하루 이상의 시간이 소요되는 데 비해 ARS 조사는 하루 이내에도 그 이상 규모의 설문을 완료할 수 있다. 다만 단점으로 설문항의 개수의 제약이 크다. 대체로 응답자의 인구통계 정보를 제외하고 5문항 내외로 설문항을 구성하는 것이 중도 이탈률이 가장 낮은 것으로 알려져 있다. 최근 들어 한국 조사 시장에서는 경제성을 따져서 선거 여론 조사를 포함하여 일반 사회 여론 조사에 ARS 조사 방식을 전화 면접보다 많이 사용하고 있

---

[*] 전화 면접 조사에서 설문 거부자는 통화에 성공한 후 설문을 거부한 사람들뿐만 아니라 통화에 실패한 사람 중에도 사실상 설문 거부자가 상당수 포함되어 있다. 이에 관한 논의는 제3장의 협조율과 응답률에 관한 부분에서 다시 다루도록 한다.

다. 그런데 ARS 조사에서 협조율이 5% 내외로 매우 낮기 때문에 표본집단의 대표성 문제를 제기하는 이들이 많다. 외국의 경우 ARS 방식 조사가 국민 여론 조사에 사용되는 경우는 거의 없다. 그 이유 중 하나는 미국이나 영국에서는 법적으로 상업 목적의 ARS 조사를 금지하고 있기 때문이다.

마지막으로 최근에 상당히 각광을 받는 웹 조사 방식이다. 전화 면접 조사의 협조율이 지속적으로 낮아지면서 대표성 문제가 심각해지는 상황에서 대표성 있는 표본추출에 기반한 웹 조사가 오히려 대표성을 보장하는 데 유리하다는 의견이 제시되고 있다. 미국의 여론 조사 기관들이 사용하는 웹 조사 방식은 거주지 정보를 기반으로 협조문을 우편으로 발송하고 협조 의사가 확인된 표본들로 데이터베이스를 구축한다. 그리고 조사를 실시할 때마다 데이터베이스에서 표본을 추출한다. 조사 과정은 우편 조사의 업데이트된 방식이라고 보면 된다. 우편 조사와 마찬가지로 제공된 설문항에 대해 인터넷이나 휴대전화을 사용해서 자기 기입 방식으로 답변하게 된다. 따라서 편의성이 높아졌다는 것 외에는 조사 과정은 웹 조사와 우편 조사는 거의 유사하다.

예를 들어 우편 조사는 설문 응답을 진행하다 어떠한 이유로 중단한 후 응답이 가능한 시간에 다시 시작하는 것이 가능한데, 웹 조사에서도 응답을 중단했다가 차후에 응답을 다시 시작하는 것이 가능하다. 우편 조사에 비해 웹 조사의 장점은 빠른 응답과 더불어 우편 조사에서 통제가 불가능했던 제약을 해결했다는 점이다. 우편 조사에서는 항목별 무응답과 설문 응답 순서 통제가 불가능했지만, 웹 조사에서는 응답하지 않으면 다음 질문으로 진행되지 않게 프로그램을 디자인하면 응답자는 결국 모든 문항에 응답을 하게 된다. 물론 응답 유목에 '모름/무응답'을 추가하여 무응답의 선택지를 포함하는 것도 가능하다. 그리고 프로그램대로 설문항이 제시되기 때문에 후반부의 설문을 먼저 답하는 것이 불가능하다. 무엇보다 웹 조사의 장점 중 하나가 저렴한 비용이다.

그동안 웹 조사에 대한 주된 비판은 모집단에 대한 대표성 문제였다. 초반에 인터넷을 이용한 조사의 경우는 응답자 개인의 이메일 주소가 필요하기 때문에 임의표본추출이 불가능했다. 이메일 주소를 확보하는 방법은 특정 사이트 회원 정보를 이용하거나 자발적인 참여자들을 모집하는 방식이기 때문에 모집단 대표성에 내생적 한계가 있을 수밖에 없었다. 그러나 이러한 대표성의 문제는 이 책의 후반에서 설명하고 있는 바와 같이 거주지 주소를 기반한 표본 구축에 의해 극복될 수 있다. 현재 전화 면접 설문에서 협조율이 낮아지면서 웹 조사로 전환되는 것이 세계적 추세다. 웹 조사는 조사 기관이 응답자의 휴대전화에 URL을 제공하면 응답자가 휴대전화 버전에 맞는 설문 양식에 따라 손쉽게 장소와 시간에 구애받지 않고 응답이 가능하다는 점에서 응답의 편의성이 크다. 아울러 응답을 독려하기 위해 인센티브를 기프티콘(현금 가치 쿠폰)을 즉시 제공하는 것도 협조율을 높이는 방안으로 꼽힌다.

3. 표본추출

이론적으로 모집단으로부터 표본을 추출하는 가장 좋은 방법은 무작위 추출 방식이다. 무작위 추출 방식의 기본 원칙은 모집단에 속한 모든 구성원이 선택될 확률이 동일하다는 것이다. 모집단에서 일부가 표본으로 추출되지만 추출되기 전 단계의 표집틀에서는 모두가 뽑힐 가능성이 동일해야 한다는 것이다. 여기서 중요한 것은 '뽑힐 확률'이라는 개념이다. 무작위 추출에 따라 모집단 구성원 중 누군가가 뽑히는 것이지 본인이 자발적으로 원해서 표본으로 선정되는 것이 아니다. 좀 더 쉽게 설명하면 연예인이나 운동선수를 대상으로 하는 인기 투표는 여론 조사의 범주에 들지 못한다. 그 이유는 원하는 사람들이 자발적으로 참여하기 때문에 모집단을 대표하는 '뽑히는 과정'과 다르기 때문이다. 그렇기 때문에 TV 프로그램에서 인기 투표를 국민 여론이라고 말하는 것은 잘못된 것이다. 아무리 많은 사람이 인기 투표에 참여한다 해도 '뽑히는 과정'을 거치지 않았다면 국민의 선호 결과라고 해석해서는 안 된다.

가장 흔하게 볼 수 있는 무작위 추출이 로또 번호 추첨이다. 번호가 선택되기 전에 통 안에 있는 모든 번호의 공들은 크기와 무게가 같다. 공이 뽑히는 출구에 특정한 공이 가까이 있어서 뽑힐 확률이 높은 것을 방지하기 위해 바람을 불어넣어 공들이 무작위로 공중에 떠다니도록 고안해 두었다. 45개의 공들 중 어떤 공들이 출구로 배출되는지는 어떤 요인에 의해서도 영향을 받지 않는 우연의 결과일 따름이다.

여론 조사를 제대로 알기 위해서는 먼저 추정(inference)이라는 개념을 이해해야 한다. 여론 조사란 표본의 정보를 통해 전체인 모집단의 태도를 추정하는 것이다. 따라서 표본의 규모가 커질수록 오차의 범위가 적어진다. 극단적으로 모든 국민을 조사한다면 표본 오차는 존재하지 않는다. 따라서 표본의 크기는 클수록 좋지만 예산과 통계적 효율성을 따져 결정하는 것이 일반적이며, 표본의 크기는 대체로 1,000명에서 1,600명 정도에서 정해진다. 표본의 크기가 이 정도 수준에서 결정되는 이유는 〈그림 2-2〉에서 보는 바와 같이 표본의 크기와 표본 오차 사이의 관계 때문이다.

일반적으로 표준 오차의 크기는 표본의 크기($\sqrt{N}$)에 반비례한다. 다음 〈그림 2-2〉는 95% 신뢰구간에서 표본 규모에 따른 오차 값을 보여 준다. 표본이 커질수록 오차가 줄어드는 것을 알 수 있다. 100명의 표본을 가지고 모집단을 추정하면 표본 오차는 ±9.8%가 된다. 만일 9,000명의 표본의 설문 자료라면 오차는 ±1%가 될 것이다. 그런

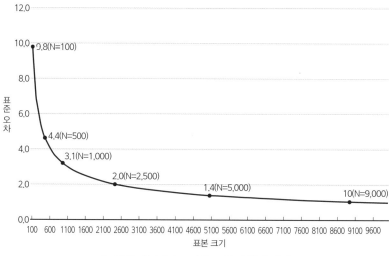

〈그림 2-2〉 표본 크기와 표준 오차의 관계

데 표본이 커짐에 따라 오차가 감소하는 정도가 다르다. 위의 그림에서는 표본의 규모가 커질수록 오차가 감소하는 비율 즉 한계오차 감소 비율이 감소하는데, 표본의 수가 커지면서 각 지점의 기울기가 작아지는 것을 확인할 수 있다. 특히 표본이 1,000명에 이르면 기울기가 급격히 줄어든다. 그림에서 보는 바와 같이 500명 표본에서 오차가 ±4.4%인데 500명을 추가해서 표본 규모가 1,000명이 되면 오차가 ±3.1%로 줄어든다. 그런데 여기에 1,500명 표본을 더 늘려서 전체 표본이 2,500명이 되어도 오차가 ±2.0%가 되어 1,000명 표본일 때 보다 겨우 1%p밖에 줄어들지 않는다. 마찬가지로 추가로 1%의 오차를 더 줄이려면 이번에는 2,500명의 표본을 추가해야 한다. 결국 표본 오차의 감소 수준과 표본 크기의 관계를 볼 때 1,000명에서 1,600명 사이에서 결정하는 것이 경제적으로 가장 효율적인 것이다.

이러한 이유로 우리가 접하는 대부분의 여론 조사는 1,000명 내외의 표본으로 이루어진다.[*]

중앙선관위 산하 여심위는 "당선인을 예상하게 하는 정당 또는 후보자에 대한 지지도 조사를 포함하여 선거를 동기로 하거나 빌미로 하는 등 당해 선거와 관련 있는 여론 조사"를 모두 선거 여론 조사라고 규정한다. 선거 여론 조사 기관은 여심위에 기관 등록을 해야 하며, 선거관리위원회의 여론 조사심의위원회에 설문 조사 결과를 등록한 후에 그 결과를 언론에 공표해야 한다. 선거 관련 설문 조사란 대선, 총선 혹은 지방선거에서 어떤 정당이나 후보를 지지하는가 등 선거와 직접 관련이 있는 설문항 포함하는 설문 조사만을 의미하지 않는다. 선거 시기와 관계없이 언제 조사하든지 간에 응답자에게 지지정당을 묻는 문항이 포함되어 있다면 현행 규정에서는 선거 관련 조사로 간주하기 때문에 조사 결과를 언론에 공표하려면 여심위 홈페이지에 설문지와 조사 결과를 등록해야 한다.

최근의 설문 조사는 휴대전화를 주로 이용하며 조사 기관에 따라 유선 전화(집 전화) 설문을 일부 혼합하기도 한다. 여심위는 전화 조사의 경우 무선전화 비율을 60% 이상 포함할 것을 권장하고 있다. 전국 단위 전화 조사에서 조사 기관이 표본을 추출하는 방식은 두 가지다. 첫째는 RDD 방식으로 컴퓨터를 이용하여 전화번호를 무작위로 추출하여 전화를 거는 것이고, 두 번째 표본추출 방식은 선거 관련 여

---

[*] 만일 하위 집단에 대한 분석이 필요하다면 전체의 오차뿐 아니라 하위 집단 분석에서 오차를 염두에 두고 표본의 규모를 결정해야 한다. 예를 들어 1,000명이 전체 표본이라면 호남에는 98명이 할당되고 표본 오차는 ±9.9%가 된다. 따라서 추정값의 폭은 거의 20%이 되는 것이다.

론 조사를 위해 여심위에 휴대전화 가상번호를 요청하는 것이다. 조사 기관이 여심위에 가상번호를 요청하면 여심위에서는 국내 3대 이동통신사(KT, SKT, LG U+) 이용자들을 대상으로 성별·연령·거주지별 인구 분포 비율에 맞추어 가상번호를 제공한다. 이때 조사 기관은 조사하고자 하는 대상자 수의 30배까지 가상번호를 요구할 수 있다. 가상번호는 최대 10일 이내의 유효 기간이 제한되어 있기 때문에 10일이 지나면 가상번호는 사용할 수 없다. 2022년도 여심위의 비용 공고에 따르면 가상번호 제공 비용은 제공 통신사와 관계없이 모두 개당 319원으로 정했다. 한편 여심위는 조사 결과 공표를 위한 최소 표본수를 규정하고 있다. 조사 지역 단위에 따라 전국 단위는 1,000명 이상, 시·도 단위는 800명, 자치구·시·군 단위는 500명 이상의 표본을 조사해야 조사 결과를 공표하거나 언론에 보도할 수 있다.

조사 방식과 관계없이 통상적으로 표본의 대표성을 따지는 기준으로 삼고 있는 것이 표본 구성이 모집단인 전체 인구의 성별·연령·지역별 비율과 일치하는지 여부다. 이 3가지에 대한 17개 시도별 통계

3대 통신사 이외에 가상이동통신망사업자의 서비스 소위 알뜰폰 이용자가 2023년 1월 기준 720만 명이 넘는다. 3대 통신사가 제공하는 안심번호를 사용한다는 것은 모집단에서 알뜰폰 이용자들을 모두 배제했다는 점에서 표집틀에 문제를 지적할 수 있다. 갤럽의 연구보고서(무선전화 RDD, 가상번호, 알뜰폰: 이용자 특성과 성향분석)에 따르면 알뜰폰 사용자들의 이념 분포나 정치 관심 등의 정치 성향에 있어 3대 통신사 이용자들과 유의한 차이가 없는 것으로 나타났다. 따라서 이들에 제외한 표집틀이 심각한 편향성을 갖는다고 볼 수는 없다는 주장이다.

한국의 여론 조사, 실태와 한계 그리고 미래

는 매달 행정안전부의 홈페이지에서 주민등록 인구통계를 통해 정보를 얻을 수 있다. 한편 교육, 직업, 소득 등의 인구통계적 특성도 표본의 대표성을 확인할 수 있는 중요한 지표가 되지만 이러한 정보를 제공하는 인구주택총조사는 5년 주기로 실시된다는 점에서 활용하는 데 제한이 있다. 그뿐만 아니라 모집단과 일치시켜야 할 변수가 많아질수록 할당표집 방식을 이용할 때 조사의 어려움이 커지게 된다는 사실도 조사 회사들이 표본의 대표성 확보를 위해 적극적으로 추가 변수를 고려하지 않는 이유가 된다.

모든 여론 조사 기관은 행안부가 매달 제공하는 인구통계에 따라 전국 인구의 성별·연령·지역별 인구 분포 비율과 일치하도록 표본을 구성한다. 표본추출에 있어 문제는 모집단 분포가 알려진 3개의 인구통계적 변수의 비율을 맞춘다는 것이 표본집단의 대표성을 보장하는 것이 아니라는 사실이 제대로 인식되고 있지 못하다는 점이다. 특히 대통령 업무 수행 평가나 정당 지지도와 같은 정치 관련 설문이라면 모집단의 이념 분포가 중요한 요인이 되지만 이에 관한 정보는 제공되지 않고 있다. 따라서 인구주택총조사와 같은 정부가 수행하는 전국 단위 조사에 응답자의 이념 성향에 대한 질문을 포함할 필요가 있다. 만일 진보나 보수와 같은 이념 성향에 따라 설문 협조율에 차이가 있다면 협조자 중에는 특정 이념을 가진 응답 비율이 높아지게 된다. 센서스와 같이 규모가 크고 협조율이 높은 정부 조사에서 이념 분포 정보를 제공한다면 인구통계 변수에 따라 가중값을 부여하는 방식을 통해 이념 차이에 따른 협조율 차이 문제를 개선하는 데 상당한 도움을 받을 것이며 이는 정치 여론 조사의 질을 향상시키는 획기적으로 기여하게 된다. 이 책의 제3장에서 상세히 설명하겠지만 다른 통제되지 않은 변수들이 표본집단의 대표성을 심각하게 훼손할 수 있다는 점에 유의해야 한다.

4. 표본할당과 가중값

　앞에서 조사 표본이 성별·연령·지역별 분포 비율을 충족시킨다는 것만으로 전체 국민 의사의 대표성을 확보했다고 보장할 수 없다는 점을 지적했다. 예를 들어 앞의 3가지 분포 비율을 맞추었다고 해도 응답률이 낮은 ARS 방식의 표본들이 전화 면접 방식의 표본들보다 정치 고관여층 응답자 비율이 더 높게 구성되었을 가능성이 높다. ARS 조사에서 협조율이 6%라면 조사 회사에서 100통의 전화 통화를 성공했을 때 단지 6명만이 설문에 협조한 것이고 접촉한 나머지 94명은 응답을 거부했다는 뜻이다. 그렇다면 응답 협조자 6명이 응답을 거부한 94명을 포함해서 전화 통화를 시도한 100명의 평균과 유사한 정치적 정향을 가졌다고 보기 어렵다.

　아래의 〈표 2-1〉은 2021년 12월 4주차 리얼미터 표본추출 분포표다. 이 조사는 ARS 방식의 조사로 RDD 방식의 표본추출을 사용하였고, 조사 기간 동안 응답에 협조한 모든 사람들의 정보를 수집하여 자료를 생성한 것이다. 즉 표집 표본 방식과 달리 조사 과정에서 성별·연령·지역별 분포를 고려하지 않은 자료다. 아래 표에서 조사 완료 사례 수란 실제로 조사 기간 동안 응답 협조를 한 표본의 수를 나타낸다. 오른쪽의 가중값 적용 기준 사례 수는 전국 인구의 성별·연령·지역별 분포 비율에 따라 응답 표본 수의 기준을 제시한다. 따라서 오른쪽 두 번째 열에서 보는 바와 같이 3,090명의 표본 규모라면 남성의 수는 1,537명이어야 하는데, 실제 조사에서는 1,970명이 조사되어 과대 대표된 상태다. 마찬가지로 20대 표본을 보면 539명을 조사해야 하지만 실제로는 그보다 훨씬 적은 385명의 응답 표본을 확보하였다. 그리고 지역적으로 서울은 585명의 표본이 전체 인구 비율에 맞지만 그보다 훨씬 많은 754명의 표본이 조사에 응했다.

이처럼 표본의 인구통계적 분포 비율이 모집단인 전국 인구통계와 일치하지 않는 문제를 해결하기 위해 조사 종료 후 가중값을 부여하는 방법을 사용한다. 과대 표본을 가진 표본집단에는 1보다 작은 값을, 그리고 과소 대표된 표본집단에는 1보다 큰 가중값을 곱해서 모집단의 인구통계 변수와 비율과 표본집단의 비율이 일치하도록 조정하는 작업을 하게 된다. 그런데 가중값을 이용한 보정은 대표성을 높이기 위한 바람직한 방안이 아니다. 가중값이 커질수록 해당 셀에 속한 응답자들의 의견이 과장되기 때문이다.[*] 여심위는 과도한 가중치

---

[*] 가중값이 1보다 작다는 것은 기준 표본 수보다 더 많은 표본이 조사되었다는 의미다. 과소 표본 조사로 인해 가중값이 과도하게 큰 경우와 달리 표본 대표성에 문제가 생기는 것은 아니다.

한국의 여론 조사, 실태와 한계 그리고 미래

사용을 막기 위해 성별·연령·지역별의 세 가지 기준에 대해 가중치 값은 0.7~1.5의 범위를 넘지 못한다고 규정하고 있다.

구체적으로 가장 우측 열에서 보는 바와 같이 여성 응답자 빈도수 (1,120명)가 기준 빈도(1,553명)보다 적기 때문에 가중값은 1.39가 된다. 아래 표에서 가중값의 크기는 0.8~1.4 이내로 크지 않은 것으로 나타난다. 그런데 이 가중값들은 단지 인구통계 변수 각각의 가중치를 보여 주고 있다. 실제로는 성별·연령·지역 변수의 가중값을 모두 포괄하여 가중값을 구하게 된다. 예를 들어 경남권에 거주하는 20대 여성의 가중값은 각 해당 가중값을 곱한 2.28이 된다(1.39×1.4×1.17). 즉 여기에 해당하는 응답자는 2.3배의 가중값을 갖게 되어 한 명의 응답이 2.3명이 응답한 것으로 간주하게 된다. 이처럼 ARS 방식에서는 조사 완료 이후 응답자들의 성별·연령·지역별 분포 비율을 따져서 전국 표본과 일치하도록 가중치를 부여한다.

〈표 2-1〉 리얼미터 응답자 표본 분포표

		조사 완료 사례 수	가중값 적용 기준 사례 수	차이	가중값 배율
전체		3,090	3,090	0	1.00
성별	남	1,970	1,537	433	0.78
	여	1,120	1,553	−433	1.39
연령 대별	18~29세	385	539	−154	1.40
	30대	360	474	−114	1.32
	40대	577	572	5	0.99
	50대	754	604	150	0.80
	60대	639	494	145	0.77
	70세 이상	375	407	−32	1.09

지역별	서울	754	585	169	0.78
	인천/경기	923	974	−51	1.06
	대전/세종/충청	280	326	−46	1.16
	강원	106	92	14	0.87
	부산/울산/경남	398	467	−69	1.17
	대구/경북	292	304	−12	1.04
	광주/전라	301	302	−1	1.00
	제주	36	40	−4	1.11

한편 전화 면접 방식의 조사에서는 인구통계 비율에 따라 쿼터를 정하고 그 할당에 맞도록 응답자를 채워 나간다. 따라서 〈표 2-2〉에서 보는 바와 같이 갤럽의 표본 분포를 보면 가중치 적용 기준과 유사한 것을 알 수 있다. 애초에 모집단인 전국 인구 분포 비율에 따라 응답자 수를 배정했기 때문에 대표성을 확보를 위한 가중치 값은 거의 1에서 크게 벗어나지 않는다.

그렇다면 전화 면접 방식에서 사용하는 표집 표본 방식을 이용하면 대표성 확보는 문제가 없는 것일까? 이미 설명한 바와 같이 설문 조사원들은 성별·연령·지역별에 구분에 따라 80개의 셀(2개 성별×5개 연령대×8개 권역)에 할당된 표본 빈도수에 맞춰 응답자를 찾는다. 따라서 설문 초반에는 각 셀에 배정된 인원을 채우는 것이 수월하지만 조사가 진행될수록 할당표에 배정된 대로 목표 응답 표본을 찾아 설문 협조를 구하기가 점점 어려워진다. 앞의 리얼미터 ARS 조사 내용을 볼 때 서울에 거주하는 남성 표본은 목표 할당을 맞추는 것이 수월하지만 20대 여성 중 특히 부산/울산/경남에 거주하는 여성 표본을 찾아 할당을 채우는 데는 오랜 시간과 노력이 요구된다. 이처럼 조사가 어려운 집단의 경우 접촉 자체가 힘든 것이 아닌 설문 협조 의사가 낮기 때문이라면, 그 자체가 협조자들이 해당 셀의 평균 태도와는 다를 가능성이 높기 때문에 비록 할당을 채웠다고 해도 대표성에 문제가 생길 수 있다.

〈표 2-2〉 갤럽 응답자 표본 분포표

응답자 특성표 2021년 12월 3주 (14~16일)		조사 완료		가중값 적용 기준		가중값 배율 (B/A)	표본 오차 95% 신뢰 수준(%p)
		사례 수 (명)(A)	비율 (%)	사례 수 (명)(B)	비율 (%)		
전체		1,000	100	1,000	100	1.00	±3.1
지역별	서울	193	19	190	19	0.98	±7.1
	인천/경기	308	31	314	31	1.02	±5.6
	강원	30	3	30	3	1.00	+17.9
	대전/세종/충청	108	11	106	11	0.98	±9.4
	광주/전라	98	10	98	10	1.00	±9.9
	대구/경북	98	10	98	10	1.00	±9.9
	부산/울산/경남	152	15	152	15	1.00	±7.9
	제주	13	1	13	1	0.98	±27.2
성별	남성	507	51	496	50	0.98	±4.4
	여성	493	49	504	50	1.02	±4.4
연령별	18~19세	145	15	517	18	1.21	±8.1
	30대	130	13	153	15	1.18	±8.6
	40대	176	18	186	19	1.06	±7.4
	50대	210	21	195	19	0.93	±6.8
	60대 이상	339	34	290	29	0.86	±5.3

– 표본오차는 조사 완료 사례 수 기준. 한국갤럽 데일리 오피니언 제477호
– 가중값 적용 기준 사례 수는 2021년 7월 행안부 주민등록인구 지역·성·연령 비율에 따름

조사 결과에서 ARS 방식이든 전화 면접 방법이든 모두 인구통계적

비율 기준에서 보면 대표성을 확보한 것으로 보인다. 그러나 대표성 확보 과정과 내용을 보면 응답 표본의 대표성에 문제가 있다는 것을 알 수 있다. 비록 모집단의 구성 비율과 유사하게 표본집단의 분포를 맞추었다 해도 응답 협조 의사가 낮은 일부 집단이 존재하며 이러한 집단에서 추출된 표본이 해당 모집단의 속성을 제대로 대표하지 못할 가능성이 상당히 높다. 왜냐하면 응답 협조가 낮은 집단을 대표하는 표본을 찾기가 어려울수록 협조한 표본의 특성이 해당 집단에 대한 대표성이 낮을 것이기 때문이다.

앞의 ARS 방식에서 남성과 여성 사이에 협조 의사에 상당한 차이가 있다는 것을 알 수 있었다. 추가로 집단별 협조 의사를 좀 더 상세히 분석해 보았다. 아래 〈그림 2-3〉은 면접 조사에서 조사 시간을 5분위로 구분해 보았을 때 각 시간에 남녀 간 응답 비율 추세를 예시한 것이다. 그림에서 남성 응답자의 비율은 초기에 높았다가 3분위

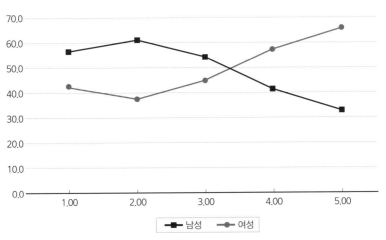

〈그림 2-3〉 조사 시간 경과와 남녀 응답자 비율
자료: 2021년 신년 조사, 한국 리서치 조사.

이후부터 급격히 낮아지는 것을 볼 수 있다, 반면에 여성 응답자 비율은 3분위를 기점으로 급격히 상승하는 것으로 나타난다. 이 그래프에서 주목할 점은 조사 초반에는 응답 협조자들 가운데 남성들이 월등히 많다는 것이다. 전화번호 추출이 무작위이기 때문에 접촉 시도는 남녀 구분 없이 이루어졌다는 점을 고려할 때 조사 초반에는 남성 협조자 비율이 높은 것은 여성에 비해 남성의 협조 의사가 높다는 것을 의미한다. 한편 조사 후반부에 여성 응답자의 비율이 높아지는 것은 쿼터 할당에 따른 것으로, 이미 남성 유권자들은 쿼터를 채웠기 때문에 조사원들이 여성 응답자를 선별하여 조사 요청을 하였는 것을 알 수 있다. 이처럼 남녀 사이의 협조 의사에 차이가 있다는 것을 확인했다면, 남성에 비해 여성 협조자 표본의 대표성의 질이 낮을 가능성을 무시할 수 없다.

5. 설문항 구성

　설문 조사를 시작하면서 설문지를 작성하는 단계에 노력을 소홀히 하는 경향이 있다. 누구든지 쉽게 설문 문항을 작성할 수 있다고 착각하는 경우가 빈번하다. 설문 의뢰자들은 설문 의도를 자신들이 잘 알기 때문에 조사 회사에 맡기는 것보다 의뢰자들이 직접 설문 문항을 만드는 것이 낫다고 생각하는 오류를 범하기도 한다. 사실 조사 회사의 입장에서도 의뢰자가 직접 설문을 만들어 준다면 굳이 설문 문항 작성에 노력을 들일 필요가 없다. 그러나 응답자들이 조사 의도를 제대로 이해하고 솔직하게 답변할 수 있는 설문 문항을 만들고 응답에 영향을 미칠 수 있는 여러 가지 요인을 고려하여 설문 설계를 하는 것은 쉬운 작업이 아니다. 적절한 설문 문항의 개수, 설문 내용의 민감성, 설문항의 순서 등이 응답자 태도에 영향을 미친다는 것을 안다면 비전문가가 문항 작성을 주도하는 것은 바람직하지 않다.

조사자는 응답자로부터 가급적 많은 정보를 얻어 내려 한다. 그렇다면 설문 조사에서 몇 개의 질문을 할 수 있을까? 설문이 총 몇 개의 문항으로 구성되어야 하는가에 대한 절대적 기준은 없다. 조사원이 응답자를 직접 만나는 대면 면접 조사 방식을 사용하면 다른 조사 방식보다 많은 설문 문항을 포함할 수 있다. 직접 면접 방식에서 대부분의 경우 협조자에게 사례를 하기 때문에 상당히 우호적 수준에서 설문 조사를 수행할 수 있다. 한편 전화 면접 방식에서는 상대적으로 제약이 많다. 전화 면접 조사 관찰 자료에 따르면 응답자들이 중도에 포기하는 비율이 급격히 높아지는 시간은 조사 시작 후 7~8분 사이로 알려져 있다. 따라서 설문항의 수가 11~15개 사이가 가장 적합하다고 일러져 있다. 확실한 것은 어떤 방식의 조사든지 설문항이 많을수록 응답자의 집중력이 떨어지고 응답의 신중성이 낮아진다는 사실이다. 대부분의 설문 조사에 응답자 개인 관련 정보, 예를 들어 거주 지역·연령·성별·학력·소득 등 인구통계적 문항이 포함되어야 하기 때문에 전화 면접 조사에서 조사 관련 주제에 대한 질문은 10개 내외가 될 수밖에 없다.

최근 급증하고 있는 자동응답방식의 ARS는 총 10개 문항 미만이어야 한다는 것이 업계의 상식이다. 전화 면접 조사의 경우 협조자가 중도에 포기하려 할 때 조사원이 협조를 이어 갈 수 있도록 유도하는 것이 중도 탈락을 방지하는 역할을 하는 데 비해, ARS 방식에서는 응답자들은 중도에 포기하는 데 아무런 부담이 없으며 중도 포기를 막을 장치도 없다. 따라서 ARS 방식에서 설문항 개수는 다른 조사 방식에 비해 훨씬 제한적일 수밖에 없다.

설문 개수뿐만 아니라 어떻게 질문하는가에 따라서도 응답자의 태도가 달라지므로, 설문항을 작성하는 데 매우 신중해야 할 것이다. 실제로 같은 의미라 해도 사용하는 단어에 따라 응답자가 느끼는 어감이 다르거나 연상하는 대상이 달라질 수 있으며, 이에 따라 응답자의 태도에 차이가 날 수 있다. 예를 들어 '복지(welfare)'라는 표현과 '가난한 사람들을 지원(assistance to the poor)'이라는 용어는 의미는 유사하지만 어느 표현을 사용하느냐에 따라 응답자들의 긍정 태도 비율이 달라진다. 객관적인 의미를 가진 '복지 확대'보다는 정서적인 표현인 '가난한 사람들을 지원한다'라는 표현에 사람들은 더 긍정적 태도를 보이는 경향이 있다.

또한 설문 문항에 포함된 정보에 따라서도 응답자의 태도가 달라질 수 있다. 퓨 리서치의 실험에 따르면 2003년 1월에 '사담 후세인 정권을 종식시키기 위한 군사 행동에 찬성하는지' 여부를 물었을 때 68%가 찬성하였고 25%가 반대하였다. 그런데 같은 시기에 '미군 사상자 수천 명의 희생을 감수하고서도 사담 후세인 정권을 종식시키기 위한 군사 행동에 찬성하는지'라고 물었을 때 조사 결과는 앞의 설문 결과와 커다란 차이를 보였다. 찬성이 43%이고 반대가 48%로 나타났다. 군사 행동의 결과로 미군 사상자가 발생할 것이라는 정보가 추가되었을 때 응답자 중 전쟁에 대한 거부감을 강하게 갖는 경우가 생기는 것이다.

이처럼 설문에 사용된 표현이나 문항에 포함된 내용에 응답자들이 민감하다면 정확한 측정을 위해 설문항 작성에서 최소한 몇 가지 원칙을 지켜야 한다. 첫째, 설문 내용이 명확하고 구체적이어야 하며 동시에 응답자들이 선택할 수 있는 선택지들이 모두 포함되어야 한다. 둘째로 하나의 설문 문항에는 한 개의 질문만이 포함되어야 한다. 예를 들어 자동차세를 낮추는 것에 찬성하는지 여부와 얼마나 낮추는 것이 적당하다고 생각하는지를 한 개의 문항에서 동시에 묻는 것은 응답을 해석하는 데 어려움을 준다. 마지막으로 부정적 표현을 사용하여 생기는 오해를 가급적이면 피하는 것이 바람직하다. 예를 들어 '불법 외국인 노동자들을 단속하지 않는 것에 찬성하는지 반대하는지…'라는 내용은 자칫 응답자가 동의하는 것이 단속에 찬성하는 것인지 아닌지 질문 내용으로 인해 답변을 헷갈리게 할 가능성이 있다.

끝으로 설문 문항들을 어떻게 배치하는가에 따라 응답자의 태도가 달라질 수 있다는 점에 유의해야 한다. 대표적으로 점화효과(priming effect)를 들 수 있는데, 먼저 처리한 정보에 의해 떠오른 특정 개념이나 의식이 뒤에 이어지는 정보 해석에 영향을 미치는 현상을 말한다. 많은 실증연구들이 점화효과의 사례를 보여 준다. 예를 들어 대통령 업무 평가에 관한 질문일 경우 찬반이 갈리는 갈등 이슈들에 대한 의견을 먼저 묻고 이후에 업무 평가를 묻는 방식으로 설문 순서를 구성하게 되면 먼저 대통령 업무 평가를 묻고 그 후에 갈등 이슈에 대한 입장을 묻는 설문 구성보다 업무 평가에 부정적인 경향이 높아진다. 설문 순서는 큰 범주의 문항을 먼저 묻고 세부적 주제 질문은 그 뒤에 배치하는 원칙이다.

설문지 구성의 문제는 직접적으로 여론 조사의 정확성과 연관된다. 앞에서 지적한 바와 같이 설문 문항이 많으면 응답자들이 집중력을

2008년 12월 퓨 리서치의 보고에 따르면 당시 현직인 부시 대통령의 업무 평가를 먼저 물어보고 다음으로 '전반적으로 미국의 현황에 대해 만족하는가'라는 질문을 했을 때 불만족이라는 답변이 88%였다. 그런데 대통령 평가를 묻지 않고 미국 현황의 만족 여부만을 물었을 때 불만족이라는 응답이 78%였다. 이처럼 설문 구성에 따라 응답이 10%p 차이가 나는 것은 전자의 경우 부시 대통령에 대한 부정적 평가의 기억이 미국 현황 평가에 영향을 미쳤기 때문이다.

잃고 성의 없이 응답할 수 있다. 그리고 설문의 표현이 모호하다면 응답자들의 자의적 해석으로 인하여 같은 태도를 가진 응답자들이라도 다른 응답을 할 가능성이 있다. 또한 설문 문항의 배치에 따라서도 응답자의 태도가 달라질 수가 있다. 이처럼 설문지가 어떻게 구성되는가에 따라서 응답이 달라질 수 있으므로 신뢰할 수 있는 응답을 구할 수 있도록 설문 구성에 주의를 기울여야 한다.

제3장

설문 응답자들은 국민을 대표하는가

여론 조사란 표본 응답자들을 통해 모집단의 의견을 추정하는 작업이다. 따라서 자료 분석 이전에 응답자들이 얼마나 모집단을 잘 대표하는지를 검토하는 것은 매우 중요하다. 조사된 설문 자료가 모집단의 특성을 제대로 반영할 때 대표성이 높다고 평가된다. 그런데 조사 준비단계에서 대표성을 갖도록 표본추출 방안을 마련했다 해도 실제 조사 과정에서는 접촉자 중 거부자를 제외한 협조자들만이 설문 조사 자료에 포함된다는 사실에 유의해야 한다. 따라서 대표성을 확보를 위해서는 추출된 응답 표본들의 협조율이 높아야 하며 아울러 협조자들이 거부자들과 특성의 차이가 크지 않은지 검토해야 한다. 그런데 최근 들어 설문 협조 비율이 급격히 낮아져 10%대에 머무는 상황이다 보니, 적은 협조자들만으로 모집단의 특성을 대표한다고 보기 어려운 지경에 이르렀다. 이 장에서는 먼저 협조율이 낮아지는 추세와 그로 인한 발생하는 대표성 문제를 소개한다. 다음으로 개인적 특성에 따라 협조율에 차이가 있을 때 표본집단 구성에 나타나는 왜곡의 사례를 설명한다. 한편 협조자 특성을 확인하는 가장 확실한 방법은 거부자와 비교하는 것이다. 그러나 거부자에 대해 알지 못하기 때문에 적극적 협조자와 소극적 협조자의 개념을 통해 협조자 특성을 간접적으로 파악하려는 시도를 설명한다.

1. 표본집단의 대표성

　　정확한 여론 측정을 위한 첫 단계는 모집단을 대표할 수 있는 표본을 제대로 추출하는 것이다. 표본집단이 모집단을 대표한다는 의미는 모집단의 특성을 표본집단이 그대로 지니고 있어야 한다는 것이다. 먼저 모집단의 성별·연령·거주 지역 등 모집단에 대해 알고 있는 인구통계적인 분포가 표본집단에서도 차이가 없어야 한다. 나아가 이러한 외형적인 요인뿐 아니라 태도나 정향 즉 진보–보수의 이념 분포나 정당 지지도 등 사회과학 분야에서 주요하게 다루는 요인 역시도 모집단의 구성 분포가 표본집단에 왜곡 없이 반영될 때 설문자료가 대표성이 있다고 말할 수 있다.*

---

* 그런데 여기서 한계는 모집단의 이념 분포나 정당 지지도 등에 관한 정보가 제공되지 않는다는 사실이다. 모집단에 대한 정보는 정부가 수행하는 센서스 조사의 결과를 바탕으로 제공되는데, 그 조사에는 정치 관련 설문들이 포함되어 있지 않다. 따라서 인구통계 변수만을 고려한 표본집단에 대한 대표성 평가는 정치 관련 여론 조사에서 충분하지 않다.

이같이 모집단과 유사한 표본집단을 만들기 위한 가장 좋은 방법은 모집단 구성원 모두가 선택될 확률이 동일한 조건에서 무작위 추출로 표본 응답자들을 추출하는 것이다. 즉 모집단 구성원 중 표본 응답자들이 선택되지만, 표집틀 안에서는 모든 모집단 구성원이 선택될 확률이 동일해야 한다는 것이 이론적 원칙이다. 이 원칙이 제대로 지켜진다면 성별·연령·지역뿐만 아니라 모든 모집단의 특성이 오차 범위 내에서 표본집단에 그대로 반영된다. 여심위에서도 이러한 원칙을 지켜야 한다는 취지에서 '누구든지 선거 여론 조사를 실시할 때는 피조사자 선정 과정을 거치지 아니한 조사 대상자가 자발적 의사에 따라 응답자로 참여하는 조사 방법을 사용해서는 아니 됨'이라고 명시하고 있다. 즉 응답자가 원해서 설문 조사 대상이 되는 것이 아니라 연구자의 어떠한 의도적 개입 없이 우연에 의해 조사 표본이 선정되어야 한다. 하지만 현실적으로 모든 국민이 선택될 가능성을 동일하게 만드는 조건을 만족시키는 것은 불가능하다. 여론 조사 방식 중 가장 많이 사용하는 무선전화 조사 방식의 경우에도 모든 성인이 무선전화를 보유하고 있지 않다는 점에서 일부 표본 대상은 표집틀에서 제외될 수밖에 없는 것이 현실이다.

그런데 표집틀 구성보다 더 심각한 문제는 시간이 지날수록 응답 협조율이 지속적으로 낮아지고 있다는 사실이다. 협조율이란 설문 대상 표본으로 추출되어 접촉한 사람들 가운데 설문 응답에 협조한 사람의 비율이다.* 따라서 협조자들과 거부자들 사이에 동질성이 확

---

* 한국에서 사용하는 응답률은 미국의 여론 조사협회의 정의에 따르면 협조율(cooperation rate)로 정의된다. 우리가 쓰는 응답률이라는 용어는 접촉한 사람 중 협조한 사람의 비율

인되지 않는다면 낮은 협조율은 응답 표본의 대표성에 심각한 훼손을 가져올 가능성이 높다. 왜냐하면 무작위 추출 방식을 사용하고 선정된 표본들이 모두 응답한다면 아무런 문제가 없겠지만 실제 조사에서는 응답 표본 중 협조자와 거부자는 무작위적이지 않기 때문이다. 즉 응답자 중 협조 의사를 가진 사람들은 거부 의사를 가진 사람들과 다른 그들만의 특성을 가지고 있을 가능성이 높다.

예를 들어 협조자들이 정치에 관심이 높은 성향을 갖는 데 비해 거부자들이 정치에 무관심하다면, 협조자들만의 정보로 만들어진 조사 자료는 모집단에 비해 정치 고관여층만을 조사한 셈이 된다. 그렇다면 정치 관심이 높은 협조자들로 구성된 표본집단은 모집단과 다른 편향을 띠게 되어 이들의 응답은 국민의 정치 태도를 대표하지 못하게 된다. 구체적으로 전체 국민의 정치 관심보다 정치 여론 조사에서 나타난 정치 관심의 정도가 훨씬 높게 나타나는 편향성이 조사의 정확성을 떨어뜨리게 되는 것이다.*

이 되기 때문에 협조율로 표현하는 것이 정확하다. 그렇다면 미국의 조사협회가 정의한 응답율의 개념이 협조율과 어떻게 다른지를 살펴보자. 협조율과 응답률의 가장 큰 차이는 애초에 표본에 포함되었지만 접촉하지 않은 사람들을 분모에 포함하는지 여부다. 협조율 공식에서는 분모에 비접촉자가 포함되지 않지만, 응답률 공식에는 포함시킨다. 따라서 응답률이 협조율보다 작게 마련이다. 중요한 것은 접촉 여부나 응답 여부에 관계없이 처음 추출한 표본의 상태가 모집단에 대한 대표성을 의미하기 때문에 응답률을 계산할 때는 비접촉자를 포함하는 것이 타당하다는 점이다. 다만 이 책에서는 협조율 개념을 주로 언급하는데, 이는 국내 모든 조사가 협조율을 사용하고 있기 때문이다.

* 협조와 거부는 특정집단의 고정된 특성에서 기인하는 것이 아니다. 기존 연구에 따르면 설문 협조 여부는 설문 주제와 관련이 깊다. 즉 관심이 있거나 이해관계가 있는 주제의 설문에는 협조 의사가 높지만 무관심하거나 응답하기 예민한 주제의 설문에는 거부하려 하는데, 여기에는 개인적 속성이 영향을 미친다. 예를 들어 노동조합에 관한 설문이라면 다른 설문 주제에 비해 노동자들의 협조율이 상대적으로 높고 주부나 학생층에서 거부자가 많을 것이다.

아래 〈그림 3-1〉에서 보는 바와 같이 설문 조사에서 협조율이 낮아진 것은 전 세계적 추세이다. 아래의 그림은 미국 갤럽과 퓨 리서치에서 자체 전화 면접 조사를 실시한 자료를 바탕으로 연도별 응답률 추세를 나타낸 것이다. 퓨 리서치의 조사를 보면 1997년의 조사 응답률이 36%였던 것에 비해 20년이 지난 2018년에는 응답률이 1/6로 낮아졌다. 갤럽 조사에서도 응답률 하락 경향은 마찬가지다. 1997년 응답률이 24%에서 2017년에는 7%로 하락했다. 한국의 경우도 별반 다르지 않다. 2012년 갤럽의 1월 조사에서는 협조율이 23%였는데, 여론 조사 자료가 여심위에 공개된 초기인 2014년 3월 조사에는 협조율은 14.9%였고, 9년이 지난 2023년 2월 조사에서는 8.7%로 낮아졌다.

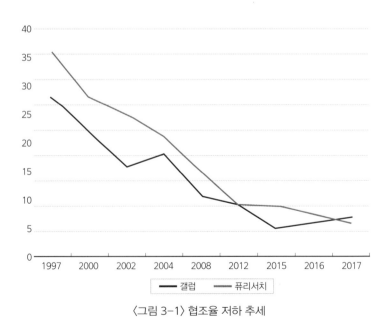

〈그림 3-1〉 협조율 저하 추세

한국의 여론 조사, 실태와 한계 그리고 미래

낮은 협조율로 인한 표본집단의 편향 문제를 해결하기 위해 전체표본의 수를 늘리는 방안을 생각해 볼 수 있다. 표본의 수가 클수록 모집단과 유사성이 높아진다는 직관적 관점에서 표본의 규모를 키우면 협조자 수가 늘어나게 되어 이들 특성의 평균이 모집단의 평균에 유사해질 것이라고 생각할 수 있다. 그러나 표본 규모를 늘리는 것으로는 편향의 문제를 해결하지 못한다. 왜냐하면 편향의 문제는 표본의 수가 아니라 협조자 비율의 문제이기 때문이다. 즉 아무리 표본의 크기를 늘린다 해도 협조율에 변화가 없다면 표본 규모가 커지는 만큼 협조자 인원뿐 아니라 거부자 인원도 같은 비율로 늘어나게 된다. 따라서 표본집단의 편향의 문제는 해결되지 않는다. 결국 표본집단의 편향을 줄이고 대표성을 향상시키기 위한 방법은 협조율을 높이는 것이 유일하다.

우리가 다루는 응답 표본의 측정값은 통계 결과이며 통계는 확률을 기반으로 한다. 설문 조사는 모집단의 태도를 파악하기 위해 모집단 구성원 중 일부를 표본으로 선택하고 조사하여 응답 표본의 태도를 측정한 후 이 측정값을 기반으로 오차 범위를 포함하여 모집단의 태도로 추정하는 과정을 거친다. 이처럼 표본 응답자들의 정보를 이용해서 모집단의 태도를 파악하는 것은 통계적 지식에 따른 확률에 기초한다. 이런 관점에서 보면 표본집단이 모집단과 비교해서 편향성을 띠는지 여부와 그 편향 크기가 어느 정도나 되는지는 확률에 기반하여 판단하게 된다.

따라서 협조자 비율이 낮을수록 모집단과 표본집단의 평균 특성 사이에 차이가 커질 확률이 높아진다고 보는 것이 타당하다. 다만 구체적으로 응답 거부가 어떤 경우에 발생하고 얼마나 자료 분석에 영향을 미치는지 알 수는 없다. 왜냐하면 거부자에 대한 정보가 전혀 없기 때문이다. 그렇다면 협조 여부에 미치는 요인을 알지 못한다면 인구통계적 요인 등을 기반으로 가중치를 부여한다고 해서 표본집단의 대표성을 향상시킬 수 없다는 결론에 도달한다.

2. 낮은 협조율과 응답 표본 대표성

1) 협조율과 추정 범위

위에서 설명한 바와 같이 낮은 협조율은 표본 규모에 관계없이 대표성의 질뿐만 아니라 측정값의 오차 범위를 확대시킨다. 협조율 수준과 측정값의 오차 범위의 관계를 따져 보면 낮은 협조율 문제의 심각성을 이해할 수 있다. 파울러(Fowler 2014)는 무응답 비율이 조사 결과의 질에 미칠 수 있는 영향을 간단한 예를 통해 설명하였다.

〈표 3-1〉에서 보는 바와 같이 어떤 이슈에 대해 모집단에서 추출한 100명의 응답 표본을 모두 접촉하였다고 가정하자. 그리고 이들의 협조율이 90%이고 찬성과 반대가 각각 50%라면 45명은 찬성, 45명은 반대가 된다. 나머지 10명은 응답 거부자이기 때문에 이들의 의견은 알 수 없다. 만일 거부자 10명이 모두 찬성의 입장이라면 찬성

비율은 55%(반대 45%)가 된다. 반면에 거부자 모두가 반대의 의사를 가지고 있다면 찬성 비율은 45%(반대 55%)가 된다. 따라서 거부자 10%의 태도를 알 수 없는 상황에서 응답 대상자 100명의 찬성과 반대 비율은 각각 45~55%라는 범주로 표시될 수밖에 없다. 이러한 논리에 따라 협조자들의 이슈에 대한 찬성과 반대 비율이 각각 50%일 때 협조율 수준에 따른 찬성 비율의 범위를 계산해 본 것이 아래의 표다.

만일 협조율이 70%라면 전체 표본 100명 중 응답자는 70명이 된다. 찬반이 절반씩이라면 이들 중 35명이 찬성 그리고 다른 35명은 반대 입장이다. 그리고 100명 중 나머지 응답 거부자 30명의 의견은 알 수 없다. 따라서 만일 거부자들이 모두 반대를 택한다고 가정하면 찬성은 35%이고 반대가 65%가 된다. 한편 모든 응답 거부자가 찬성의 입장이라면 찬성 비율은 65%가 된다. 또 다른 사례로 만일 협조율이 10%라면 찬성과 반대가 각각 5명씩이고 태도를 알 수 없는 거부자가 90명이나 된다. 따라서 이들 거부자들이 모두 반대 태도를 보인다면 찬성 비율은 단 5%이고 반면에 거부자 모두가 찬성의 입장이라면 찬성 비율은 전체의 95%가 된다. 이처럼 협조율에 따라 찬성과 반대 비율의 가능 범위가 달라지고 응답율이 낮아질수록 그 추정 범위는 넓어질 수밖에 없다.

〈표 3-1〉 협조율에 따른 찬성 비율 범위(찬성과 반대가 각 50%인 경우)

협조율	90%	70%	50%	30%	10%
찬성 비율 범위	45~55%	35~65%	25~75%	15~85%	5~95%

이러한 가상적 상황의 결과를 통해 협조율이 낮을수록 의견을 알 수 없는 거부자의 비율이 높아지며 이들의 태도를 알 수 없기 때문에 오차의 범위가 넓어진다는 것을 알 수 있다. 즉 협조율이 낮을수록 그리고 협조자와 거부자의 성향이 다를수록 추정 범위가 넓어지고 결국은 전체 모집단의 의사를 정확히 추정하기가 어려워진다. 물론 실제 조사에서는 위의 가상적 상황처럼 거부자들의 성향이 협조자들과 극단적으로 다른 경우는 흔치 않다. 그렇다 하더라도 협조자와 거부자 사이에 특성 차이가 존재하는 한 낮은 협조율은 모집단의 참값의 추정 범위를 넓게 만들어 자료의 질이 낮아진다.

2) 협조자만의 조사 자료

설문 조사 자료는 전적으로 협조자들이 응답한 정보이며 여기에 거부자들은 포함되어 있지 않다. 무작위 추출 방식으로 응답 표본을 선정하지만 이들 표본들의 협조 여부는 당사자의 자발성에 의존한다. 따라서 응답 대상자가 협조 의사를 갖는지 여부는 개인의 특성에 기인하며 무작위적이지 않다. 따라서 설문 조사 표본 대상의 다수가 협조적일수록 조사 자료는 전체 집단의 특성을 제대로 반영할 가능성이 높다. 반대로 표본집단 내 극히 일부 표본들만이 설문에 협조한다면 이들은 설문을 거부한 대다수의 표본과 이질적일 가능성이 높다. 협조율이 낮은 조사 자료는 다수의 거부자와 소수의 협조자로 구성되어 결과적으로 모집단의 특성을 제대로 대표하지 못할 가능성이

크다는 것이다.[*]

현재 대부분의 조사에서 협조율이 20% 이하인데 이는 조사 자료가 전체적으로 접촉한 응답 표본 중 20% 정도에 불과한 협조자들이 제공한 정보라는 점에 주목할 필요가 있다. 이처럼 응답 표본 중 일부만의 협조로 만들어진 설문 자료는 모집단을 제대로 대표하지 못하며 표본 규모에 따라 통계적으로 계산된 표본 오차 이외에 협조자의 편향에 따른 오차 또한 발생하기 때문에 전체 오차는 더 커지게 마련이다. 결론적으로 협조자들과 거부자들의 특성에 차이가 클수록 그리고 협조율이 낮을수록 조사 자료의 편향은 커지게 된다.[**]

협조율이 낮아지는 원인은 다양하다. 예전에는 설문에 협조하면 시간이나 노력이 들지만 그래도 자신이 국민을 대표해서 공공여론에 기여하는 것이 보람된다는 생각을 했던 시절이 있었다.[***] 그러나 정치·사회 조사뿐 아니라 마케팅 조사가 급격히 늘어나면서 설문 협조로 얻을 수 있는 도덕적 자긍심이 낮아졌고 설문 협조를 거부하는 경향이 높아졌다. 아울러 개인의 프라이버시 중시 풍조가 높아지면서

---

[*] 이 부분의 설명은 표본 크기에 따라 표본 오차가 달라진다는 설명과는 다른 내용이다. 이 책의 앞에서 표본 수와 표본 오차의 관계에 대한 설명 내용은 모든 응답 표본이 협조(협조율 100%)를 했을 경우를 가정하고 표본 오차를 계산하여 예시한 것이다.

[**] 편향성은 응답자 평균의사와 거부자 평균 의사 사이의 차이와 더불어 협조율과 관계가 있다. 이를 수식으로 나타내면 아래와 같다. 즉 응답률이 낮을수록 그리고 응답 협조자와 거부자 사이의 견해 차이가 클수록 설문 조사 결과는 편향성이 커진다.

편향성=(1-응답률)×(협조자 평균-거부자 평균)

[***] 설문에 참여하면 사례를 지급한다. 그런데 사례 수준이 높지 않기 때문에 이를 목적으로 설문에 협조하는 응답자 비율이 높지는 않다. 미국의 전화 면접 조사는 2~3달러 정도를 지불하며 5달러를 넘는 경우는 드물다. 한국의 여심위는 오락 또는 기타 사행성을 조장할 수 있는 방법으로 조사하거나 성실하게 응답한 사람에게 제공할 수 있는 전화요금 할인 혜택(1천 원 범위 내)을 초과하여 제공할 수 없다고 규정하고 있다.

개인정보와 사적 의견을 제공해야 하는 설문 조사에 대한 거부감이 높아졌다.

또한 어떤 주제의 설문인지도 협조 여부에 영향을 미친다. 예를 들어 젠더 관련과 같은 예민한 사안에 대한 조사라면 다른 주제의 조사보다 응답자들은 설문 참여에 부담을 느끼게 될 것이다. 다른 예로 설문이 선호하는 음료수가 무엇인지에 관한 비교적 가벼운 주제를 다루는 것이라면 응답자들은 평상시 자신이 즐겨 마시는 음료수에 대해 별 부담 없이 답할 수 있기 때문에 설문에 협조할 가능성이 높다. 또 다른 예로 장기 체류 외국인에게 투표권을 주어야 하는지에 대한 설문이라면 평상시 생각해 본 적이 없는 낯선 주제이기도 하고 자칫 외국인 차별이라는 오해를 받을 것이 두려워서 설문에 참여하기를 꺼릴 가능성이 높다.

여기서 알 수 있는 것은 응답 표본 중 협조자와 거부자가 무작위적이지 않다는 것과 우리가 파악하지 못한 어떠한 요인들이 협조 여부에 영향을 미친다는 사실이다. 즉 추출된 표본 응답자들 가운데 일부는 모든 설문에 협조 의사가 있고 나머지 응답자들은 모든 설문에 거부하는 것이 아니다. 설문 조사 주제에 따라 혹은 응답자의 성향에 따라 협조 가능성이 달라질 수 있다. 이전 설문에 협조했던 응답자라도 관심이 없거나 낯선 주제의 설문이라면 응답을 거부할 가능성이 높다. 또한 조사 주제가 민감하여 자신의 의견을 밝히기를 주저하는 설문항이 포함되어 있다고 생각한다면 설문에 참여하려 하지 않을 것이다. 반면에 응답자 자신의 이해관계와 밀접한 내용의 설문이거나 중요하다고 생각하는 주제의 설문이라면 협조할 가능성이 높아질 것이다.

설문 주제가 설문 협조 여부에 영향을 미치는지에 관련하여 본 연구에서는 한 가지 실험을 하였다. 동일한 설문 내용이지만 소개문만 달리한 두 가지 설문지를 준비하였다(2021년 9월 조사). 그리고 응답자와 통화를 시작한 직후 설문 내용을 소개하는 단계에서 무작위로 구분한 절반의 응답자에게 '…한국 사회에 대한 선생님의 평상시 의견을 듣고자 설문 조사를 실시…'라고 알려주었다. 다른 절반의 응답자들에게는 '…문재인 정부에 대한 평가를 실시하고…'라고 소개하였다. 첫 번째 방식의 설문에서는 응답률이 28.6%이고 두 번째 설문 응답률은 23.7%로 나타났다. 소개문 이외에 모든 설문 내용이 동일하기 때문에 설문 도중에 포기하는 중간 포기자의 비율은 다르지 않았다. 그렇다면 두 집단의 응답률 차이가 통계적으로 유의한 이유는 첫 번째 소개문에 비해 두 번째 소개문이 응답자들이 설문에 응할지 여부를 결정할 때 더 부담되는 내용이기 때문이라고 판단된다.

이처럼 설문 주제에 따라 설문 협조 의사가 달라진다면 무작위 표본추출 방식을 사용했다는 이유만으로 설문 자료의 대표성을 확보했다고 할 수 없다. 왜냐하면 무작위로 추출된 응답 대상자를 접촉한다해도 설문 주제와 밀접한 관련이 있거나 관심을 가진 사람들의 응답 의사가 그렇지 않은 사람들보다 높기 때문에 나타나는 협조 편향을 피할 수 없기 때문이다. 결국 가중값이나 성별·연령·지역을 기준으로 표본을 할당하는 방식을 사용한다 해도 이러한 3가지 기준 이외의 요인으로 인해 발생한 협조 편향은 여전히 남아 있게 된다. 이 문제가 심각한 이유는 협조 편향을 가져오는 요인이 다양하기 때문에 어떤

한국의 여론 조사, 실태와 한계 그리고 미래

변수를 통제해야 편향을 줄일 수 있는지 알 수 없기 때문이다. 다만 설문 주제에 따라서 협조자 집단이 달라진다는 점에 착안한다면 정치 관련 설문 조사에는 응답자의 이념이나 정치 관심 수준을 협조 여부에 영향을 미치는 변수들로 추측해 볼 수 있다.

3) 협조율 차이와 응답 편향

편향의 문제는 쉽게 해결될 수 없다는 것을 설명하기 위해 인구통계 변수를 통제해도 표본의 하부 집단 간의 협조율의 차이로 인해 편향이 나타나는 경우를 간단한 예를 통해 쉽게 설명해 본다. 남녀가 같은 숫자로 구성된 모집단에서 남자는 60%가 보수 성향이고 40%가 진보 성향이며 여성은 40%가 보수 그리고 60%가 진보 성향이라고 가정해 보자. 모집단으로부터 1,000명의 표본 응답자를 조사하는 경우를 보자. 첫 번째로, 성별이나 정치 성향에 따른 설문 협조 의사에 차이가 없다면 〈표 3-2〉의 사례 1에서 보는 바와 같이 모집단과 동일한 비율로 표본이 추출될 것이다. 응답자 분포를 보면 남녀 각각 500명이 답변을 할 것이고 남성 응답자 500명 중 보수는 300명이고 진보는 200명이 표본에 포함된다. 그리고 여성 응답 중에서 보수는 200명이고 진보는 300명이 된다. 이 경우에는 표본집단의 편향은 나타나지 않는다.

두 번째 경우로 정치 성향에 따라 설문 협조율이 다른 경우에는 무작위표본추출 방식으로 응답자들을 조사했을 때 응답 표본이 어떻게 구성되는지 따져보자. 먼저 모집단 구성을 보면 남녀의 수가 같고 여성 중에는 진보 성향의 비율이 보수 성향에 비해 20%p 높고 남성 가운데서는 보수 성향이 20%p 높다. 따라서 성별을 따지지 않고 보면 모집단에서 진보와 보수의 비율이 각각 50%로 같다. 여론 조사에서 보수적인 사람들의 협조율은 6%이고 진보 성향의 협조율은 4%라고 할 때 무작위표본 방식을 사용한다면 이념 성향에 따른 협조율 차이로 인해 표본 구성이 달라진다. 그 결과는 〈표 3-2〉의 사례 2와 같게 된다. 모집단 전체에서 진보와 보수의 비율이 같지만, 이념 성향에 따른 협조율 차이 때문에 설문 자료에서는 사례 2에서 보이는 바와 같이 전체적으로 보수가 60% 그리고 진보가 40%가 된다.

구체적으로 설명하면 보수 성향의 협조율이 높고 남성 중 보수 성향이 많기 때문에 1,000명의 응답 표본 중 보수적 남성의 빈도수는 360명이 된다. 그리고 진보적 남성 비율이 40%이고 이들의 협조율은 4%이므로 전체 표본에서 진보적 남성의 숫자는 160명이 된다. 한편, 여성 응답자의 경우 진보적 성향이 60%이지만 이들의 협조율이 4%이므로 조사 자료에서 진보 여성은 240명이 되고 40%의 보수적 여성들의 협조율이 6%이므로 마찬가지로 240명이 된다. 결국 표의 사례 2에서 보는 바와 같이 조사 결과를 성별로 구분해 보면 남성들의 보수 성향 비율이 높고 이들의 협조율이 상대적으로 높기 때문에 남성 응답자가 520명이 되고 여성 응답자는 480명이 된다. 그리고 사례1에 비해 사례 2에서 설문 응답자 전체 분포는 보수가 60%이고 진보가 40%가 되어 진보와 보수가 각각 50%인 모집단 대비 편향을 보인다. 결과적으로 남성 모집단의 보수와 진보 이념 분포가 6:4이지만 설문 자료에서는 9:4 비율이 된다. 마찬가지로 여성 모집단은 보수와 진보가 4:6 비율이지만 설문 자료에서는 5:5가 된다. 이념에 따른 협조율 차이로 인해 두 표본집단 모두에서 모집단보다 보수 비율이 높게 나타나고 특히 보수 비율이 높았던 남성 집단에서 편향이 더 크게 발생한다.

〈표 3-2〉 이념에 따른 협조율 차이와 편향성

사례	진보/보수 협조율	성별	보수	진보	합계
1	같은 경우	남자	300	200	500
		여자	200	300	500
2	다른 경우 (보수 6%, 진보 4%)	남자	360	160	520
		여자	240	240	480
3	성별에 따른 가중치 부여	남자	346	154	500
		여자	250	250	500

이처럼 응답자의 특성에 따라 협조 의사가 다르다면 설문 자료에서 나타나는 왜곡 현상을 표집 표본 방식을 이용한 표본추출이나 무작위 추출 후 가중값 부여를 통해 해결할 수 없다. 〈표 3-2〉에서 사례 2를 보면 무작위 추출 표본 조사 결과 남성 비율이 높은 것으로 나타났다. 이를 가중값을 이용해 성별 변수를 보정한 결과가 사례 3이다. 가중값 부여를 통해 남녀 응답자 비율을 같게 만들었지만 각 셀의 응답자 빈도는 별로 큰 변화가 없으며 사례 2의 분포 비율과 별로 다르지 않은 것이 확인된다.

여기서 중요한 것은 표집 표본이나 가중치 부여를 통해서 성별을 모집단과 같은 비율로 맞춘다 해도 이념에 따른 협조율 차이로 인해 나타나는 모집단과 표본집단의 이념 분포 차이는 개선되지 않는 것이다. 이와 같이 이미 알고 있는 인구통계적 정보를 이용해서 표집 표본이나 가중값 부여를 한다 해도 모집단과 표본 사이의 차이가 나타나는 이유는 표본추출에서 고려되지 않은 변수인 응답자의 이념 성향이 협조 의사에 영향을 미치기 때문이다. 위의 예에서 이념요인의 영향을 가중값에 고려하지 않는 이상 편향 문제는 해결될 수 없다.

이상에서 살펴본 바를 정리해 보면, 표본집단의 대표성 문제는 전체 응답자 협조율이 낮을 때 발생할 뿐만 아니라 집단별로 협조율에 차이가 심각할 경우에도 대표성의 왜곡이 일어난다는 것을 설명하였다. 모든 조사에서 집단별로 협조율 차이의 크기는 다르지만 차이는 어김없이 나타난다. 집단별 협조율 차이로 인한 대표성의 문제를 해결하기 위해 조사 기관들은 성·연령·거주지별 가중값을 부여하거나 표집 표본 방식을 사용해서 할당된 응답자를 채우는 방법을 사용하고 있다. 그런데 가중값이나 표집 표본 방식이 협조율 차이로 인한 문제를 해결하는 데 제한적인 효과가 있을 뿐이라는 것을 가상의 상황에서 보여 주었다. 성별에 따른 이념 분포의 차이와 이념별 협조율의 차이가 있을 때 가중값 부여 방식이 대표성 왜곡 수준을 개선시키지 못했다.

마찬가지로 표집 표본 방식을 택하게 되면 각 집단에 할당된 응답자 수를 채웠을 때 외형적으로 대표성이 있는 것처럼 보이지만 실제로는 여전히 각 집단의 협조자들만으로 구성되기 때문에 이들의 정향이나 태도는 기존의 협조자들만의 특성과 별 차이가 없다. 즉 표집 표본 방식 역시 왜곡된 대표성을 바로잡을 수 있는 보완책이 되지 못하는 것이다. 결국 현재 조사 기관들이 택하고 있는 대응방식이 표본집단의 대표성 문제에 대한 적절한 보완책이 되지 못함에도 불구하고 한국 조사 시장에서는 마치 대표성의 문제를 해결하는 것으로 잘못 알려져 있는 것이 심각한 문제라 하겠다.

3. 협조자 조사 분석

　설문 조사를 다룬 교재 대부분은 추출된 표본 중 일부 협조자들에 의해 조사 자료가 만들어진다는 점을 제대로 설명하지 않고 있다. 설명을 쉽게 하기 위해서 표집틀에서 추출한 표본들은 모두 설문에 협조한다고 가정하는 것이다. 그러나 현실에서는 설문 조사 자료는 추출한 응답 표본 모두를 측정한 결과가 아니다. 표본 중 거부자들은 애초부터 자료에 포함되지 않는다. 설문 자료는 선정된 조사 대상자 중 설문에 거부한 표본들이 제외된 협조한 사람들만의 정보인 것이다. 따라서 응답 표본 중 협조자와 거부자의 특성 차이를 분석하는 것이 중요하다. 누가 설문 요청에 협조하거나 거부하는지를 알 수 있다면 설문 자료의 대표성 수준을 판단하는 데 도움이 된다.

　예를 들어 협조율이 낮다 하더라도 참여자와 거부자 사이에 정향이나 태도의 차이가 없다면 설문 자료의 대표성 문제는 심각하지 않다.

그러나 특정 정치 성향을 가진 집단의 협조 의사가 다른 집단보다 특별히 높거나 낮다면 협조자만의 응답으로 구성된 설문 자료는 편향으로부터 자유로울 수 없고 조사 결과는 모집단 대비 상당한 오차가 생기기 마련이다. 이러한 오차를 규명하기 위해서는 거부자 대비 협조자들의 특성을 파악하는 것이 필요하다.

협조자의 특성을 확인하기 위해 본 연구에서 자체적으로 전화 면접 조사를 실시하였다. 이 조사는 대부분의 전화 면접 설문 조사에서 사용하고 있는 표집 표본 방식을 따르지 않고, 성별·연령·지역별 인구 분포와 관계없이 선착순으로 설문에 협조한 1,007명의 응답자들로 표본을 구성하였다. 통상적 조사처럼 할당 방식에 따라 응답자 분포를 맞추지 않고 설정한 규모만큼 순서대로 협조자들을 조사한 까닭은 어떤 집단이 더 협조적이었는지를 확인하기 위해서다. 선착순으로 협조자들을 취합했을 때 특정 집단의 비율이 높다면 그 집단 구성원들의 설문 협조 의사가 높은 것으로 간주하는 것이다.

〈표 3-3〉에서 각 셀의 값들은 쿼터에서 배정된 인원 대비 본 조사에 협조한 응답자들의 비율을 나타낸다. 즉 서울 20대의 값은 204.1%인데 이 값은 다음과 같이 도출되었다. 표본 설계상 서울 거주 20대 셀에는 18명이 할당되는데, 선착순 응답에 따른 본 조사에서는 37명이 참여하였다. 따라서 쿼터 기준 응답 협조자 비율은 204.1%가 된다.* 서울 거주 협조자 비율이 서울 거주 인구 비율보다 2배 이상 더 많다는 의미다. 마찬가지로 서울 거주 70대 이상 여성의

---

* 응답자 수가 1,007명이었기 때문에 1,000명 비율로 재계산한 결과다.

〈표 3-3〉 선척순 방식 험조자 분포 비율(1,007명)

구분	남성						여성						합계
	20대	30대	40대	50대	60대	70대 이상	20대	30대	40대	50대	60대	70대 이상	
서울	204.1	134.4	169.4	128.5	336.1	327.7	120.2	105.1	81.8	64.3	92.7	84.0	145.8
경기	122.5	147.1	127.2	117.9	170.2	163.1	55.2	43.7	35.2	70.5	72.2	41.8	95.2
충청	63.2	161.4	99.3	99.3	124.1	198.6	62.1	49.7	39.7	69.5	49.7	22.1	82.8
호남	110.3	99.3	44.1	158.9	211.0	149.0	86.9	82.8	99.3	44.1	111.7	39.7	101.3
경북	62.1	99.3	77.2	69.5	143.4	132.4	70.9	16.6	24.8	79.4	143.4	55.2	81.9
경남	113.5	41.4	78.0	119.2	152.8	124.1	57.9	45.1	35.5	53.0	68.7	74.5	79.8
강원/제주	49.7	66.2	49.7	173.8	149.0	231.7	132.4	99.3	33.1	24.8	24.8	24.8	85.4
합계	120.4	119.4	108.6	119.4	190.8	191.1	78.0	61.4	49.7	63.1	83.0	52.3	100.0

출처: 현대정치연구소 2021년 자체 조사, 코리아리서치 수행

쿼터는 13명인데 응답 협조자는 11명이었다. 따라서 그 비율은 84%가 된다. 서울 거주 여성 협조자는 서울 거주 여성 인구에 비해 작은 비율로 대표되고 있다는 의미다.

　각 집단별로 할당치 대비 협조자 비율을 보여 주는 위의 표에서 먼저 눈에 띄는 것은 모든 연령층에서 남성 응답자의 비율이 여성보다 높다는 점이다. 가장 아래 행의 합계 비율에서 보는 바와 같이 모든 연령층에서 남성 응답자의 비율이 100을 넘어 할당보다 많은 협조자가 참여했음을 알 수 있다. 한편 성별 분포를 보면 1,007명의 전체 조사 인원 가운데 남성 협조자가 67.6%(681명)이며 여성은 32.4%(326)명으로 남성 비율이 여성에 비해 2배가 넘는다. 또한 지역별로 볼 때 두드러진 것이 서울 협조자의 비율이 타 지역에 비해 매우 높다는 점이다. 표집 표본 방식 기준에서 할당된 응답자 수에 비해 설문 조사에서 거의 1.5배 가까운 협조자가 포함되었다. 이처럼 협조율이 높다는 것은 해당 모집단에 대한 대표성이 높다는 것을 의미한다.

　종합적으로 위의 조사에서 두드러진 것은 서울 거주 남성들의 설문 협조 비율이다. 이 집단의 표본할당은 92명인데 응답완료자는 188명으로 할당치의 2배가 넘는다. 이처럼 조사 결과 협조율에 있어 서울이 지방보다 높고 남성이 여성보다 높지만 세대별로는 별 차이가 없는 것이 확인되었다. 이러한 결과는 대표적인 정치 참여인 선거에서 나타나는 집단별 투표율 차이 특성과 상당히 다른 것이다. 설문 협조율이 투표율에서처럼 정당 호오가 분명한 영남과 호남지역은 서울·경기보다 적극적인 협조 태도를 보여 주고, 참여 경험 많고 사회적 의무감이 높은 기성세대는 젊은 세대보다 협조율이 높을 것으로 예상했다.* 또한 전통적인 한국인의 정치 참여 특성 중 하나가 도저촌고(都低村高)임을 고려할 때, 이번 조사에서는 서울이 가장 높은 협조율을 보이고 있어 특이하다. 남녀 사이에 투표율 차이가 거의 없는 것과 같이 설문 협조율에서도 차이가 없을 것으로 예상했지만, 조사 결과에서는 남성의 협조율이 월등히 높았다. 여론 조사에 참여하여 자신의 의사를 표현하는 행위도 투표와 같이 참여의 하나라고 볼 때 설문 협조는 투표와는 다른 유형의 참여라고 보아야 할 것이다.

설문 조사를 통해서 서울–남성 집단의 높은 협조 의사를 확인했지만 왜 그러한 특성이 나타나는지에 대해서 우리는 제대로 알지 못한다. 따라서 표본집단이 모집단과 유사한 특성을 갖도록 특정 요인을 기반으로 정확한 가중값을 구하는 것이 불가능하다. 이미 우리가 알고 있는 성별·연령·거주지라는 변수의 가중값을 적용한다 해도 미지의 요인들을 가중값을 구하는 데 포함시키지 않는 한 조사 결과의 편향은 제거되지 않는다. 다시 말하면 낮은 협조율을 보이는 여론 조사에서 무작위 생성 표집틀을 통한 임의 전화걸기와 성별·연령·지역별 가중값 부여 방식을 사용한다고 해도, 알 수 없는 편향 요인을 통제하지 못하는 한 결국 대표성 높은 표본집단을 구성하는 것은 지극히 어려운 일이다.**

---

* 미국의 협조자 연구에서는 세대별 차이가 별로 나타나지 않는다. 하지만 세대별로 협조율 구성의 특성이 다르다. 기성세대에서는 접촉률은 높지만 협조율이 낮은 데 비해, 젊은 세대에서는 접촉률은 낮지만 협조율은 높은 것으로 나타났다.

** 최근 조사에서는 교육 수준 등의 추가적 요인을 포함하고 있지만 큰 효과를 보지 못하고 있다. 그 이유 중 하나는 교육 수준은 성별과 연관이 높기 때문에 이미 성별 요인이 고려된 상태에서 추가적 효과를 별로 나타내지 못한 것이다.

한국의 여론 조사, 실태와 한계 그리고 미래

4. 적극 협조자와 소극 협조자

    수차례 언급한 바와 같이 설문 조사에서 응답 협조자와 거부자의 속성이 같다면 낮은 협조율이 심각한 문제가 되지 않을 것이다. 따라서 현재처럼 모든 설문 조사에서의 협조율이 낮은 상황에서 협조자들과 거부자들 사이에 차이가 있는지를 확인하는 것이 가장 주요한 과제가 될 것이다. 그런데 문제는 거부자가 말 그대로 응답을 거부한 표본들이기 때문에 그들에 대한 정보를 전혀 알 수 없다는 점이다. 따라서 협조자와 거부자의 특성을 비교 분석하는 것은 현실적으로 불가능하다.

    본 연구에서는 대안적 방법으로 적극 협조자와 소극 협조자의 개념을 바탕으로 자체 설문 조사를 실시하였다. 적극 협조자란 전화 면접 조사원과 1차 통화에서 설문에 응답한 사람들을 말한다. 반면에 소극 협조자란 1차 조사에서 거부했던 전화 통화자들을 재차 접촉하여 약간의 금전적 보상을 지불하였을 때 설문에 협조한 사람들이다.[*] 따라서 소극 협조자가 거부자와 동일하지는 않다. 다만 소극 협조자는 추가 접촉을 하지 않았다면 거부자로 분류될 수 있기 때문에 협조자 집단과는 차별적이고 어느 정도 거부자와 유사한 속성을 가질 것으로 기대하였다. 만일 소극 협조자가 적극 협조자와 다른 정향을 보인다면 적극 협조자와 거부자 사이에도 차이가 있을 것이라는 사실을 추론하는 것이 가능하다는 논리적 기반에서 분석을 실시했다.

설문 조사에 협조하는지 여부는 조사에 대한 응답자의 기본태도에 크게 영향을 받을 것으로 예상했다. 예를 들어 설문 조사에 대한 신뢰가 높은 사람이라면 조사에 응할 가능성이 높을 것이고, 평상시 설문 조사 결과를 별로 믿지 않는 사람이라면 조사에 협조할 동기가 작을 것이다. 즉 언론에 보도되는 여론 조사 결과에 관심이 많고 신뢰할수록 조사에 협조할 여지가 크다. 뿐만 아니라 정치·사회 조사라는 것을 알려 주었기 때문에 정치에 관심이 많은 사람들은 그렇지 않은 사람들에 비해 설문에 협조할 가능성이 높을 것으로 생각된다.

이처럼 개인이 평상시 가지고 있는 정향이 설문 협조 여부와 관련이 있다는 가설하에서 경험적 분석을 시도하였다. 그런데 〈표 3-4〉에서 보는 바와 같이 적극 협조자와 소극 협조자 사이에 여론 조사 신뢰도 차이는 눈에 띄지 않는다. 심지어 적극 협조자와 소극 협조자 두 집단에서 여론 조사 결과를 믿는다는 응답이 56.5%로 동일한 것으로

---

[*] 소극적 협력자들의 무선전화번호를 알고 있으므로 문자를 통해 금전적 인센티브를 제공한다는 것을 알리고 웹을 통해 설문 조사를 실시했다. 따라서 적극적 협력자들은 전화 면접 방식이며 소극적 협력자들은 웹 방식 설문이라는 점에서 차이가 있다.

한국의 여론 조사, 실태와 한계 그리고 미래

조사되었다. 따라서 여론 조사를 더 많이 신뢰하는 사람들이 조사에 적극적으로 응하는 것은 아닌 것으로 확인되었다.

〈표 3-4〉 응답 협조 여부와 정치 태도(%)

		적극 협조	소극 협조	전체	카이검증, P=
조사 신뢰	긍정	56.5	56.5	56.5	1.00
	부정	43.5	43.5	43.5	
정치 관심	있다	75.2	83.9	77.1	0.00
	없다	24.8	16.1	22.9	
지지정당 여부	있다	49.2	53.7	50.2	0.33
	없다	50.8	46.3	49.8	
대통령 업무 평가	긍정	38.1	33.8	37.2	0.36
	부정	61.9	66.2	62.8	

그렇다면 조사 주제가 정치 관련이기 때문에 정치에 관심이 있는 사람들이 설문 조사에 좀 더 적극적인지 확인해 볼 필요가 있다. 위의 표에서 보면 적극 협조자 중 정치에 관심이 있다는 비율은 75.2%인데 비해 소극 협조자 중에서는 83.9%로 나타났다. 예상과 반대로 소극 협력자들 중에 정치에 관심이 있는 사람들이 더 많은 것으로 나타났다. 그 외에 협조 의사에 영향을 미칠 것이라고 예상한 다른 요인들은 두 집단에서 차이를 보이지 않았다. 소극 협조자에서 지지정당이 있다는 응답(53.7%)이 적극 협조자의 49.2%보다 많은 것으로 나타났지만 통계적으로 유의하지 않았다.

적극 협조자와 소극 협조자 집단을 정향에 따라 구분해 보았을 때 대부분의 정치 정향에 대한 태도는 유사하다. 소극 협조자가 일정 부분에서 적극 협조자들과 다르며 응답 거부자와 유사한 특성을 가지고 있을 것이라는 기대와는 다른 것이다. 결과가 이렇게 나타난 이유는 소극 협조자는 근본적으로 거부자가 아니라 협조자 집단의 속성을 가지고 있기 때문이라 생각된다. 소극 협조자는 소정의 인센티브를 제공했을 때 설문에 협조한 사람들이다. 따라서 이들은 설문 협조 의사가 전혀 없는 거부자와는 본질적으로 다른 집단일 가능성이 높다는 것을 알게 되었다. 이번 조사를 통해서 설문 거부자 집단에 대한 분석이 불가능하다는 것이 확인되었으며, 이러한 조사 결과는 협조자 집단만을 통한 설문 조사 결과를 바탕으로 모집단을 추정할 때 더욱 주의해야 한다는 것을 시사한다.

여기서 이러한 결과를 산출한 본 조사의 신뢰성을 확인하는 것이 가능하다. 다음 〈표 3-5〉는 지역별 성별에 따른 할당 응답자 기준 적극 협조자와 소극 협조자 비율이다. 서울의 경우 적극 협조자뿐만 아니라 소극 협조자에 있어서도 그 비율이 할당치보다 훨씬 높다. 여기서 주목해서 보아야 할 것은 지역별 적극 협조자들과 소극 협조자들

〈표 3-5〉 적극 협조자와 소극 협조자 비교

	할당		적극 협조자		소극 협조자	
	남성	여성	남성	여성	남성	여성
서울	18.5	19.5	27.6	27.9	33.5	36.6
경기	31.4	30.8	31.6	25.5	30.6	33.9
충청	11.1	10.5	9.4	8.0	10.4	6.3
호남	9.7	9.9	9.1	11.7	9.8	5.4
영남	24.9	25.0	18.5	23.6	13.3	13.4
강원/제주	4.4	4.2	3.8	3.4	2.3	4.5

　　　　　　　　한국의 여론 조사, 실태와 한계 그리고 미래

의 분포 비율이 매우 유사하다는 점이다. 적극 협조자 대상 조사와 소극 협조자 대상 조사가 한 번의 조사로 이루어진 것이 아니라, 적극 협조자 조사가 끝난 이후 소극 협조자 대상의 조사가 독립적으로 수행되었다. 따라서 적극 협조자와 소극 협조자의 유사한 지역분포 결과는 두 집단을 대상으로 한 조사가 신뢰성이 있음을 보여 주는 것이다.*

종합하면, 이 장은 기존 전화 조사가 직면하고 있는 협조율 저하가 협조자와 거부자 사이의 성향 차이를 크게 만들어 표본의 대표성을 저하시킬 수 있음을 가설적 상황을 통해 논증하였다. 또한 대부분의 정치 여론 조사가 그렇듯, 자체 조사의 결과 서울-남성에서 표본이 과대 대표되고 있다는 발견을 통해 인구 구성 비율에 따라 할당표집을 하거나 가중치를 부여한다고 하여도 협조 여부를 결정하는 다른 중요 변수들로 인해 대표성 높은 표본을 구성할 수 없음을 알 수 있었다.

---

* 앞의 분석에서 적극 협조자와 소극 협조자가 유사하다는 결론에도 불구하고 두 집단의 지역별 분포가 다르다면 최소한 둘 중 하나의 조사는 신뢰할 수 없다는 것을 말하기 때문이다.

제4장

설문의 설계는 타당한가

여론 측정과 관련하여 이 책이 두 번째로 주목하는 지점은 설문 문항의 타당성에 관한 것이다. 측정의 오류는 표본추출의 과정이나 면접 양식을 포함한 면접 절차의 특징에서 비롯된다. 면접 과정에서 응답자의 태도에 지대한 영향을 미치는 절차 중 하나가 설문의 설계다. 설문항의 개수, 척도 양식, 설문항의 순서 등이 응답자의 태도에 영향을 미치고 조사 결과를 달리 만들 수 있기 때문이다. 설문항이 많으면 응답자의 집중력과 응답의 신중성이 낮아질 뿐만 아니라 응답자가 협조를 중단할 가능성 또한 높아진다. 설문항의 순서를 신중하게 고려해야 하는 이유는 선행하는 설문항에 대한 답변이 이어지는 설문항의 답변에 영향을 미칠 수 있기 때문이다. 질문에 사용하는 용어, 추가 정보 등도 응답자의 태도에 민감하게 작용한다. 질문 내용은 명확하고 구체적이어야 하며, 하나의 설문항에는 한 가지 내용만 담고 있어야 한다. 같은 주제의 설문항에 2단 선택지가 주어지느냐 혹은 강도를 포함하는 4단 혹은 5단 척도를 사용하느냐에 따라 조사 결과는 달라질 수 있다.

설문 설계가 응답자의 태도에 직접적 영향을 미치는 과정 중 하나임에도 불구하고, 우리나의 정치 여론 조사 기관들은 설문 문항이 알고자 하는 의도를 제대로 전달하고, 척도 양식이 국민의 의견 분포를 정확히 측정할 수 있도록 설계하는 문제에 대해 심각한 성찰이 없는 것 같다. 정당 지지도 설문에는 두 가지 내용의 질문이 혼재되어 있고, 대통령 지지도 조사에서 4점 척도를 사용하는 것은 조사 방법상 부적절하다는 지적에도 불구하고 대부분의 조사 기관들은 여전히 기존 방식을 별다른 고민 없이 고수하고 있다. 여론 측정은 각 응답자에게 동일한 절차를 적용함으로써 수행되고, 따라서 응답 사이의 차이는 모집단에서 실재하는 차이로부터 기인해야 한다. 측정에서의 차이는 측정 도구나 측정 절차의 특성 때문에 나타나서는 안 된다는 것이다. 그렇기 때문에 여론 측정은 측정 오차를 줄이기 위해 측정 과정의 모든 측면이 최대한 표준화되어야 한다. 이는 설문의 설계에서도 예외일 수 없다.

이 장은 정치 여론 조사의 핵심 항목인 대통령 직무 평가와 정당 지지도 조사에 초점을 두고, 조사 기관들이 사용하는 설문이 어떻게 설계되어 있고 조사 결과의 비교를 통해 무엇이 문제인지를 살펴본다. 아울러 조사 기관들이 서로 다른 양식의 설문을 사용함으로써 같은 시기에 상반된 조사 결과를 양산하는 현실을 감안하여, 표준화의 필요성과 그 대안을 제시하고자 한다. 대통령 직무 평가와 정당 지지도에 관한 기존 설문 사례로는 한국의 갤럽과 리얼미터의 설문을 참조한다. 두 조사 기관을 선정한 이유는 각각이 전화 면접과 ARS라는 다른 조사 방식을 대표하고 있으며 매주 실시되는 조사의 결과가 언론매체에 공표되어 여론 형성에 커다란 영향을 미치고 있기 때문이다. 외국의 사례로는 미국과 영국의 온라인 조사를 각각 대표하는 퓨 리서치(Pew Research)와 유고브(YouGov), 그리고 전화 면접 조사를 각각 대표하는 갤럽과 입소스-모리(Ipsos-MORI)의 설문 양식을 소개한다.

1. 정당·대통령 지지도의 중요성

이 장에서 대통령 직무 평가와 정당 지지도의 설문을 중요하게 다루는 이유 중 하나는 이들이 다음 선거를 예측하는 기본 정보를 제공하기 때문이다. 언론매체에서 보도되는 현직 대통령 직무 평가와 정당 지지도는 유권자로 하여금 다음 선거에서 여·야 정당 중 어디가 우세할지 혹은 어느 정당의 후보가 유리할지를 예측하게 하고, 유권자의 투표 선택에도 영향을 미친다.

그러나 선거 예측보다 대통령 직무 평가와 정당 지지도가 조사되는 더 중요한 이유가 있다. 대통령 지지도 조사는 일상 시기에 대통령이 행사할 수 있는 권력의 크기를 알려 준다. 일반적으로 대통령에게는 헌법과 법률이 규정하는 최고의 권력이 주어진다. 그러나 이러한 권력을 가진 대통령도 인기가 하락하면 국정 추진력을 잃게 된다. 반대로 대통령 직무에 대한 긍정 평가가 높게 나타나면, 정부의 정책 추진은 탄력을 받게 된다. 대통령에 대한 낮은 지지도가 지속되면, 기존의 국정 방향이 국민 여론에 비추어 재검토되기도 한다. 이는 여론 조사가 여론의 견제 기능을 수행하는 기제로 작동된다는 의미이기도 하다.

정치 여론 조사에서 정당 지지도 조사가 중시되는 이유는 이 조사가 국민의 당파적 태도에 대한 정보를 제공하기 때문이다. 당파적 태도는 이념과 함께 유권자의 정치적 태도를 결정짓는 기본적인 정치 정향이다. 일상적으로 지지하는 정당이 있는 유권자와 그렇지 않은 유권자 사이에 정치에 관여하는 정도나 정부의 주요 정책에 대한 관심에 차이가 있을 것이다. 또한 일상적으로 특정 정당을 지지하는 당파적 태도는 대통령과 정부에 대한 지지나 정책 이슈에 대한 태도에 깊은 영향을 미친다. 정치 여론 조사에서 정당 지지도 설문이 중시될 수밖에 없는 이유다.

이렇게 중요한 정보를 제공하는 조사임에도 불구하고, 정당 지지도와 대통령 직무 평가에 대한 우리나라 조사 기관의 설문은 그 타당도가 의문시되고 있다. 정당 지지도 조사는 선거 예측만이 아니라 유권자의 당파성 측정이라는 본래의 목적에 부합하는가? 대통령 지지도 조사는 대통령의 인기를 측정하는 적절한 척도를 사용하고 있는가? 라는 평가 질문을 검토해 볼 필요가 있는 것이다.

우리나라 정치 여론 조사의 문제 중 하나는 설문의 비표준화 정도가 심하다는 것이다. 언론에서 가장 많이 다루어지고 있는 갤럽과 리얼미터의 경우만 보아도 정당 지지도와 대통령 직무 평가의 설문 양식이 판이하게 다르다. 여론 조사 시장의 경쟁 과정에서 조사 기관의 설문이 서로 다른 것은 당연하다고 생각할지 모른다. 그러나 정치 여론 주사의 핵심적인 조사가 기관에 따라 다른 설문 양식을 사용하고 다른 조사 결과를 양산한다면, 사람들 사이에 혼란이 야기되고 여론 조사에 대한 국민의 신뢰는 낮아질 것이다.

무엇보다도 우리나라 조사 기관이 제시하는 대통령 지지도와 정당 지지도가 실제 민심보다 과대 평가되고 있다는 데에서 문제의 심각성이 더해진다. 정말 그렇다면, 이러한 여론 조사는 대통령과 정치 엘리트에 대한 여론의 비판과 견제 기능을 저해하는 역할을 하게 된다. 예를 들면 현직 대통령에 대한 국민의 지지가 그리 높지 않음에도 불구하고, 여론 조사에서 긍정 평가가 40%대로 나온다고 가정하자. 집권 세력은 실제와는 달리 국민으로부터 안정적인 지지를 받고 있다고 착각하게 되고, 여론의 눈치를 살펴야 함에도 불구하고 국정을 독단적으로 추진하는 잘못을 범하게 될 것이다. 민심의 경고 장치가 작동하지 않는 것이다. 이처럼 대통령 직무 평가와 정당 지지도 조사가 부실하게 수행되면, 조사가 여론의 비판 기능을 취약하게 만듦으로써 궁극에는 민주주의의 질을 떨어뜨리게 된다.

한국의 여론 조사, 실태와 한계 그리고 미래

2. 정당 지지도 설문

1) 당파적 태도 정보를 얻기 힘든 설문

정당 지지도에 대한 설문은 정확히 특정 정당을 지지하는 사람들의 규모를 파악하기 위한 설문이어야 한다. 정당을 지지하는 사람들의 규모를 파악하기 위해서는 먼저 정당 지지 여부를 묻는 질문이 선행되어야 하고, 다음으로 정당을 지지하는 사람들만을 대상으로 어떤 정당을 지지하는지를 물어야 한다. 이렇게 해야 정당 지지도에 대한 타당한 설문이 된다. 그러나 한국의 정치 여론 조사에서 정당 지지도 설문은 선거 예측만을 위한 설문으로 설계되어 있는 것 같다. 조사 결과가 특정 정당을 지지하는 유권자뿐만 아니라 지지하지는 않지만 특정 정당에 호감을 갖거나 가깝게 느끼는 유권자를 포함하고 있기 때문이다. 그만큼 한국의 정당 지지도 설문이 정당 지지의 측정에 있어 타당도가 낮다는 것이다.

　다음 상자 안의 텍스트는 갤럽과 리얼미터가 매주 정기적으로 실시하는 정당 지지도 조사를 위한 설문 양식이다. 보는 바와 같이 두 기관의 정당 지지도 조사는 서로 다른 설문 양식을 사용하고 있다. 갤럽은 지지하는 정당 없음을 포함하여 어느 정당을 지지하는지를 묻고, '그 외 정당'과 '(지지정당) 없음'을 선택하는 응답자에게 '어느 정당이 조금이라도 더 가까운가'를 재차 질문한다. 리얼미터 조사는 '지지정당 없음'과 '잘 모름'을 포함하여 어느 정당을 지지하거나 약간이라도 호감을 갖는지를 묻는다.

　리얼미터의 정당 지지도 설문은 하나의 질문에 '정당 없음'과 지지 및 호감 정당의 항목이 동시에 제시되고 있다. 이 설문은 '지지 정당

● 갤럽의 정당 지지도 설문
○○님께서는 다음 중 어느 정당을 지지하십니까? 보기를 순환하여 불러드리겠습니다. ('그 외 정당'과 '없다'인 경우) 그럼, 본인 성향은 어느 정당에 조금이라도 더 가깝습니까?

1. 국민의당	2. 국민의힘	3. 더불어민주당
4. 열린민주당	5. 정의당	
97. 그 외 정당	98. 없다	99. 모름/무응답

● 리얼미터의 정당 지지도 설문
귀하께서는 다음 중 어느 정당을 지지하시거나 약간이라도 더 호감을 가지고 계십니까? (1~5 항목 로테이션)

1. 더불어민주당	2. 국민의힘	3. 정의당
4. 국민의당	5. 열린민주당	6. 기타정당
7. 지지정당 없다	8. 잘 모르겠다	

유무', '지지하는 정당' 그리고 '호감 가는 정당'이라는 세 가지 서로 다른 차원의 질문이 하나의 설문에 포함되어 있다. 하나의 설문은 한 개의 질문만으로 구성되어야 한다는 조사 방법론의 원칙에 어긋나 있는 것이다. 리얼미터의 이 설문은 '지지'보다 범위가 넓은 '호감'을 동시에 묻고 있기 때문에 당파적 유권자의 규모 측정과는 거리가 멀어 사실상 선거 예측만을 위한 설문으로 기능한다고 볼 수 있다.

갤럽의 정당 지지도 설문은 지지정당을 묻는 질문과 '그 외 정당'과 '없음'을 선택한 응답자에 한하여 가깝게 느끼는 정당을 물어보기 때문에, 리얼미터의 정당 지지도 설문보다 타당도가 더 높아 보인다. 그러나 갤럽 설문도 정당 지지에 대한 질문과 좀 더 가까운 정당을 묻는 질문에 대한 각각의 응답을 구분하지 않고 기록하기 때문에 결국 당파성 조사의 취지는 사라지고 선거 예측만을 위한 설문이 되고 만다.

정당 지지도 설문이 타당성을 가지려면 유권자가 일상적으로 정당을 지지하는 태도, 즉 당파적 태도를 측정하도록 설계되어야 한다. 당파적 태도는 유권자의 정치적 성향을 결정짓는 기본적인 정치 정향 중 하나이기 때문에 이념 조사와 함께 정치 여론 조사에서는 반드시 필요한 설문항이다. 당파적 지지를 포착하기 위해서 설문은 먼저 지지정당의 유무를 묻고, 다음으로 지지정당이 있다고 답한 유권자에 한해 어떤 정당을 지지하는지를 물어야 한다. 그렇다고 정당 지지도 조사에서 선거 예측의 의도가 배제되어야 한다는 것은 아니다. 당파적 지지층과 함께 특정 정당을 지지하지는 않지만 선거에서 그 정당의 후보를 지지할 수 있는 잠재적 지지층의 규모를 파악할 수 있어야 한다. 그렇기 때문에 설문은 지지정당이 없다고 응답한 유권자에게 어떤 정당이 조금이라도 더 가까운지를 추가로 묻는다.

2) 실제보다 과장되는 정당 지지도

〈그림 4-1〉은 서강대 현대정치연구소와 갤럽, 리얼미터에서 조사된 무당층 크기를 비교하고 있다. 그림에서 알 수 있듯이 현대정치연구소가 조사한 무당층의 크기는 갤럽과 리얼미터 조사에서 나타난 무당층의 규모보다 훨씬 크다. 현대정치연구소의 1차 정당 지지도 조사에서 나타난 무당층의 규모는 최고 70.2%에서 최저 54.2%를 기록한다. 이에 반해 갤럽 조사의 무당층은 최고 32%에서 최저 18%로 나타난다. 리얼미터의 무당층 규모는 최고 24.2%에서 최저 9.4%로 갤럽의 무당층 규모보다도 작다.

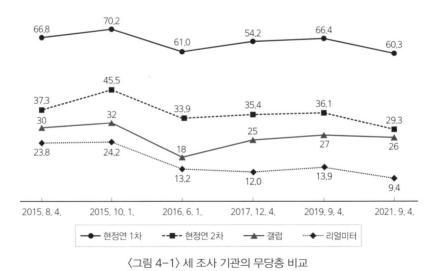

〈그림 4-1〉세 조사 기관의 무당층 비교

왜 이런 차이가 나타나는가? 현대정치연구소의 정당 지지도 조사는 먼저 지지하는 정당의 유무를 묻고, 다음으로 지지하는 정당이 있다는 응답자에 한해 어떤 정당을 지지하는지를 물음과 동시에 지지 정당이 없는 응답자에게는 그래도 좋아하는 정당이 있다면 어떤 정당인지를 묻는다. 그림에서 '현정연 1차'의 무당층 비율은 지지하는 정당의 유무를 묻는 첫 번째 질문에서 나오는 '순수한 무당층'의 크기이기 때문에, 지지하는 정당의 유무를 먼저 묻지 않은 갤럽과 리얼미터의 조사에서 나온 결과 값보다 훨씬 크다. 간략하게 말하면 현대정치연구소와 같이 당파적 유권자를 가려낼 경우 그 크기는 갤럽과 리얼미터 조사에서 나타나는 정당 지지자의 규모보다 훨씬 작다는 것을 의미한다.

현대정치연구소 조사가 선거 예측을 위해 1차 무당층에게 다시 한번 정당 선호를 물은 결과(현정연 2차), 무당층의 규모는 훨씬 줄었지만 여전히 갤럽과 리얼미터 조사보다는 뚜렷이 크다. 먼저 정당 지지층과 무당층을 가려내고 다음으로 무당층에게 선호 정당을 묻는 방식이 선행 질문 없는 조사 방식보다 무당층의 규모를 더 크게 만든다는 것이다. 이는 당파적 유권자를 구분해 내지 않는 갤럽과 리얼미터의 조사에서 나타나는 정당 지지층 규모가 실제보다 과장되고 있음을 의미한다.

다음으로 리얼미터 조사에서 나타난 무당층이 갤럽의 무당층보다 적은 이유는 무엇인가? 두 기관이 사용하는 설문 양식의 차이 때문인가? 갤럽의 정당 지지도 조사가 처음에 지지정당을 묻고 '그 외 정당'과 '없음' 응답자에 한해 가장 가까운 정당을 묻기 때문에, 이 조사에서 나타나는 무당층이 처음부터 지지와 호감을 함께 묻는 리얼미터 조사의 무당층보다 많아야 될 이유는 없다. 갤럽 조사의 무당층이 리얼미터의 무당층보다 일관되게 많이 나타나는 이유는 설문 방식의 차이보다 접촉 방식의 차이 때문인 것으로 추정된다. 즉 집중을 필요로 하는 기계적 자동 질문에 기꺼이 응대하는 협조자들은 대체로 정치에 관심이 높을 수밖에 없고, 그렇기 때문에 전화 면접의 갤럽 조사보다 ARS 방식의 리얼미터 조사에서 정당 지지도가 높게(무당층이 적게) 나온다는 것이다.

〈표 4-1〉 2021년 9월 4주차, 세 기관의 조사에서 나타난 정당 지지도 비교

	현대정치연구소(N=941)		갤럽 (N=1,000)	리얼미터 (N=2,500)
	1차 질문	2차 포함		
더불어민주당	16.1	26.0	33	32.5
국민의힘	17.1	32.1	31	40.5
정의당	2.7	5.1	3	2.7
국민의당	0.6	2.0	3	5.9
열린민주당	2.5	4.0	3	6.6
기타 정당	0.4	1.5	1	2.3
무당층	60.5	29.3	26	9.4

〈표 4-1〉는 2021년 9월 말, 현대정치연구소의 조사 결과와 갤럽과 리얼미터의 조사 결과를 비교하고 있다. 현대정치연구소의 조사가 지지정당 유무를 물었을 때, 지지정당이 없다는 무당층이 60.5%로 나타나지만, 갤럽 조사에서 무당층은 26%, 리얼미터는 9.4%로 나타난다. 현대정치연구소 조사에서 나타나는 큰 규모의 무당층 상당수가 실제 선거에서 정당과 후보를 선택할 테니, 지지정당 유무를 물

었을 때 나오는 무당층의 크기가 뭐 그리 중요하냐고 강변할지 모른다. 그러나 정당 지지도 설문은 다음 선거에 대한 예측뿐만 아니라 조사 당시 정당 지지도를 측정하는 설문이다. 역으로 생각해 보자. 위의 자료에 따르면, 리얼미터 조사의 무당층 9.4%는 정당을 지지하는 사람이 국민 중 90.6%가 되고, 갤럽 조사의 무당층 26%는 국민 중 74%가 정당을 지지한다는 것을 의미한다. 이러한 조사 결과는 우리 사회에서 가장 신뢰도가 낮은 기관이 정당/국회로 보고되고 있는 현실과 매우 동떨어져 있다.

한국보건사회연구원의 2019년 연구보고서에 따르면 대부분의 기관에 대한 신뢰도가 40%를 넘는 데 반해, 정당/국회는 23.8%에 지나지 않는다(한국보건사회연구원 2019). 다른 기관 신뢰도 조사에서도 유사한 결과가 반복적으로 나타난다. 이렇듯 기관 중 정당에 대한 신뢰가 가장 낮은 점을 고려하면 대한민국 국민 중 60% 이상이 무당층이라는 조사 결과는 결코 이상하지 않다. 마찬가지로 평상시에는 더불어민주당이나 국민의힘에 당파성을 갖고 지지하는 유권자가 합쳐서 30%대로 나타나는 것도 현실에 부합한다. 물론 무당층의 상당 부분은 선거에서 어느 한 정당을 지지한다. 이러한 선택을 예측하기 위해서 정당 지지도 설문은 무당층에 재차 질문하는 방식을 취한다.

그러나 갤럽과 리얼미터의 정당 지지도 조사는 평상시 특정 정당을 지지하는 유권자의 수가 어느 정도인지에 대한 정보를 제공하지 못한다. 이러한 정보는 대단히 중요하다. 정당이 자신들을 실제로 지지하는 유권자의 수가 적다는 것을 인지하다면 안정적인 지지층을 확보하려고 노력할 것이고, 집권당이라고 해서 혹은 국회에서 다수 의석을 가졌다고 해서 독단적인 행태를 보이지도 못할 것이다.

3) 정당 지지도 설문의 외국 사례

다음 상자 안의 텍스트는 퓨 리서치 센터의 정당 지지도 설문의 원문이다. 이 정당 지지도 설문은 먼저 응답자에게 어느 정당에 일체감을 갖는지를 묻는 질문을 제시한다. 즉 응답자가 자신을 공화당 지지자(Republican) 혹은 민주당 지지자(Democrat)로 생각하고 있는지 아니면, 기타 정당 지지자(Something else)인지, 어느 쪽도 아닌 무당파(Independent)인지를 묻는다. 다음으로 '무당층'과 '기타 정당', '무응답'에 한해서 '지지를 위해 어느 정당에 더 기우는지'를 다시 질문한다. 이러한 설문이 정당 지지도에 관한 미국 조사 기관들의 전형적인 방식이다.

퓨 리서치 센터의 정당 지지도 설문은 정당일체감을 갖는 유권자를 파악하기 위한 질문과 정당일체감은 없지만, 선거에서 지지할 가능성이 있는 유권자를 파악하는 질문을 구분하고 있다. 조사 보고서 또한 당파성 질문에 대한 응답과 중간층의 정당 거리감 정보를 별도로 제공한다. 위 자료에 따르면 2020년 7월(대선 3개월 전)에 공화당 지지자는 28%, 민주당 지지자는 29%, 무당층 27%, 그리고 기타 정당 지지자가 14%였다. 두 번째 질문을 통해 무당층/기타/무응답을 합친 42% 중 공화당에 기우는 유권자(Lean Rep)는 17%, 민주당에 기우는 유권자(Lean Dem)는 21%를 가려냄으로써 선거를 예측한다.

조사가 양대 정당의 지지도에 초점을 두고 있기 때문에 소수 정

◎ 퓨 리서치(Pew Research)의 당파적 지지층과 잠재적 지지층을 구분하는 설문

ASK ALL

PARTY   In politics today, do you consider yourself a:

ASK IF INDEP/SOMETHING ELSE(PARTY=3 or 4) OR MISSING:

PARTYLN   As of today do you lean more to...

Republican	Democrat	Independent	Something else
28	29	27	14
No answer	Lean Rep	Lean Dem	
1	17	21	

출처: 2020 Pew Research Center's American Trends Panel Wave 71 July 2020(https: //www.pewresearch.org/wp-content/uploads/2020/09/Political-friends-top line.pdf)

당들은 항목으로 나열하지 않고 '기타(Something else)'로 합친다. 'Indepedent'는 우리말로 '정당 없음'이란 의미로 전달되기보다는 '어느 쪽도 아님'이란 의미를 지닌다. 따라서 소수 정당까지 모두 호명된 후 '정당 없음'이 제시되는 한국의 조사보다 무당층의 규모가 크게 포착될 수 있다. 또한 두 번째 질문을 통해 무당층의 크기를 줄이지만, 첫 번째 무당층 규모는 그대로 기록된다. 정당 선택도 1차와 2차가 따로 보고되기 때문에 적극적(당파적) 지지층와 소극적(잠재적) 지지층의 정보를 알 수 있다.

영국의 입소스-모리의 설문은 먼저 '내일이 총선일이라면 어떻게 투표할 의향인가?'라고 묻고, '미결정자'와 '답변 거부자'에 한해 '지지를 위해 어떤 정당에 가장 기울어 있는가?'를 묻는다. 영국의 조사 기관들은 대부분 선거 시기가 아니어도 정당 지지를 묻은 설문보다 다음 총선에서의 투표 의향을 묻는 설문을 많이 사용한다. 퓨 리서치의 정당 지지도 설문과는 달리 이 설문은 선거 예측의 성격이 강하다. 영

◎ 입소스-모리(Ipsos-Mori)의 선거 예측을 위한 정당 지지도 설문

ASK ALL

How do you intend to vote if a General Election tomorrow?

Conservative(25)   Labour(25)   LibDem(7)   SNP(4)   GreenParty(9)   Pla
idCymru(1)   UKIP(1)......   Undicided(15)   Would-not-vote(9)   Refused/
Prefer-not-to-answer(3)

ASK IF UNDICIDED/PREPER-NOT-TO-ANSWER

Which party are you most inclined to support?

Conservative(20)   Labour(17)   LibDem(8)   SNP(4)   GreenParty(5)   Pla
idCymru(1)   UKIP(0)......   Undicided(28)   Would-not-vote(3)   Refused/
Prefer-not-to-answer(12)

출처: November 2021 Political Monitor

국 조사 기관이 정당 지지도 설문보다 정당에 대한 투표 의향을 묻는 설문을 주로 사용하는 경향은 내각제라는 정치적 조건과 연관되어 있는 듯하다. 내각제에서는 총선에서 가장 많은 의석을 차지하는 정당이 정부를 구성하고 그 당의 대표가 총리가 된다. 따라서 다음 총선에서 정당 선택의 의향을 묻는 질문이 조사 시점의 유권자 분위기를 측정하고 선거 결과를 예측하기 위한 적실한 방법이 될 수 있다.[*]

직접 당파적 유권자를 조사하는 질문은 없지만, 영국의 정당 선택에 대한 선거 예측 조사도 두 번의 질문을 통해 적극적 지지층과 소극적 지지층을 구분한다. 위의 설문에 의하면 2021년 11월 기준, 다음 총선에서 보수당에 적극 투표할 유권자는 25%, 노동당의 적극 투표

---

[*] 대조적으로, 대통령제에서 유권자는 대통령에 직접 투표하기 때문에, 대통령의 정당 소속이 선거 결과를 결정하는 데 중요한 역할을 한다. 따라서 정당 지지를 묻는 질문이 조사 시점의 정치관과 다가올 선거에 대한 더 명확한 그림을 제공할 것이다.

층도 25%이다. 미결정자와 답변 거부자 중 보수당에 기우는 소극 지지층은 20%, 노동당에 기우는 소극 지지층은 17%이다. 적극 지지층과 소극 지지층을 구분함으로써 선거 예측을 위한 정보를 제공한다.

앞에서 언급한 외국의 두 조사 기관은 그 나라의 특수한 정치적 환경에 따라 정당 지지를 측정하는 설문의 설계를 달리한다. 미국의 경우는 응답자 스스로가 특정 정당과 동일시하는 정도, 즉 '정당 일체감(party identification)'으로 정당 지지도를 측정하고 있다. 영국의 경우는 다음 선거에서의 투표 선택 의향을 묻는 설문으로 정당 지지도 설문을 대신하고 있다. 그러나 질문 양식이 다름에도 불구하고, 이들 조사의 공통점은 설문이 2개의 질문으로 구성되어 있다는 점이다. 첫 번째 질문에서 적극 지지층과 결정 유보층이 파악되고, 두 번째 질문에서 소극적 지지층과 최종 무당층이 식별된다.

3. 대통령 지지도 설문

1) 대통령 지지도가 갖는 의미

대부분의 우리나라 여론 조사는 현직 대통령 지지도를 대통령 직무 평가 혹은 국정 수행에 대한 평가로 측정한다. 설문 자체로 보면 대통령 지지도는 국정 운영에 대한 정책적 평가로 측정되는 것 같다. 그러나 대통령의 직무 평가에 대한 기준이 모호한 가운데, 국정 수행에 대한 응답자의 평가는 대체로 대통령에 대한 정치적 지지와 별반 다르지 않다(배종찬 2012). 다른 말로 하면 여론 조사에 나타나는 현직 대통령의 지지는 국민의 객관적인 국정 수행 평가라기보다는 응답자의 대통령에 대한 정치적 지지로 구성된다고 볼 수 있다. 대통령의 국정 수행에 대한 평가가 정치적 지지의 성격이 강하다는 점은 노무현 대통령이 탄핵에 처한 당시처럼, 대통령이 정치적 위기에 몰렸을 때 낮았던 국정 지지도가 오히려 급상승하는 모습에서 잘 알 수 있다.

　정치적 지지 여부를 담고 있는 대통령 국정 수행 평가에 대한 조사가 민감한 이유는 이것이 집권 세력의 권력의 크기를 말해 주기 때문이다. 대통령 지지도는 다음 대통령 선거뿐만 아니라 임기 중에 실시되는 국회의원 선거나 지방선거의 기본 구도를 형성하는 만큼 중요하게 작용한다. 대통령의 지지도가 낮으면 정권 교체의 민심이 크게 나타나고, 반면에 지지도가 높으면 재집권 혹은 정권 안정의 여론이 높아지기 때문이다. 그뿐만 아니라 대통령의 지지도는 대통령의 국정 주도력에 커다란 영향을 미친다. 대통령 국정 수행 평가에 정책적 성격이 약하게 담겨 있지만, 역으로 조사 결과는 대통령의 정책 추진과 밀접한 연관을 갖는다는 것이다. 대통령의 지지도가 높이지면 대통령의 정책 주도력이 강해지고, 지지도가 낮아지면 국정 추진력이 위축되기 때문이다.

　또한 현직 대통령에게 대통령 지지도는 '성공한 대통령'과 '실패한 대통령'을 나누는 특별한 의미를 지닌다. 일반적으로 재임 기간 중 높은 지지도를 유지하는 대통령은 '성공한 대통령'이라고 여겨진다. 여론 조사에 의한 지지도 추이가 실제 대통령의 성공 여부를 의미하는 것은 아닐 것이지만 정치적으로는 무시할 수 없는 의미를 갖는다. 예컨대 대통령 지지도로만 보면 노무현 대통령은 실패한 대통령으로 인식될 수 있는 반면, 문재인 대통령은 성공한 대통령으로 평가 받을 수 있다. 문 대통령이 재임 기간 중 유례없이 높은 지지를 유지하였고 임기 말에도 40% 중반대의 지지를 유지했기 때문이다. 특히 대통령 단임제를 선택하고 있는 우리나라에서 현직 대통령이 통치를 잘하려는 동기가 재선이 아니라 '역사에 길이 남는 대통령'이기 때문에, 성공과 실패를 수치로 말해 주는 대통령 지지도는 그만큼 더 큰 정치적 의미를 지닌다고 볼 수 있다.

2) 4단 척도 사용의 문제

문제는 이렇게 중요한 정치적 영향력을 갖는 대통령 국정 수행에 대한 평가가 적절하지 못한 척도로 측정되고 있다는 점이다. 국내 여론 조사 기관에서 대통령 지지도를 측정하기 위해 사용하는 척도는 2단 척도와 4단 척도다. 이 중 대부분의 여론 조사 기관은 4단 척도를 사용한다. 〈표 4-2〉는 지난 대선 당시 중앙선거여론 조사심의위원회에 자주 등록되었던 여론 조사 기관이 대통령 지지도 측정을 위해 사용한 척도를 보여 주고 있다. 한국갤럽을 제외하고 모든 조사 기관이 조사 방식과 상관없이 4단 척도를 사용하고 있음을 알 수 있다.

다음 상자는 매주 대통령 국정 수행 평가를 공표하고 있는 리얼미터의 설문이다. 리얼미터에서 사용하는 4단 항목은 '매우 잘함'과 '잘하는 편'의 긍정 평가와 '못하는 편'과 '매우 잘못함'의 부정 평가로 구성된다. '모름/무응답'은 불러 주는 항목이 아니라 모른다거나 응답하지 않을 경우 조사원이 기록하는 항목이다. 4단 항목을 '아주 잘함', '다소 잘함', '다소 잘못함', '아주 잘못함' 등으로 달리 표현하는 조사도 있지만, 이런 조사도 4단 척도라는 점에서 동일하다.

조사 방법론에서 척도 간의 거리가 같지 않지만 셋 이상의 서열이 있는 척도를 '리커트 척도(Likert Scale)'라고 부른다. 그러나 리커트

<표 4-2> 국내 여론 조사 기관이 대통령 국정 수행 평가에 사용하는 척도

구분	조사 기관	조사 방법
2단 척도	한국갤럽	전화 면접
4단 척도	한길리서치	ARS
	조앤아이	ARS
	KSOI	ARS
	리얼미터	ARS
	한국리서치	전화 면접
	리서치앤리서치	전화 면접
	엠브레인 퍼블릭	전화 면접
	서던포스트	전화 면접
	여론 조사공정	ARS
	넥스트리서치	전화 면접
	칸타코리아	전화 면접

출처: 중앙선거여론 조사심의위원회(https://www.nesdc.go.kr/portal/bbs/B0000005
/list.do?menuNo=200467)

● 리얼미터의 대통령 국정 수행 평가 설문
귀하께서는 현재 ○○○ 대통령의 국정 수행에 대해 어떻게 평가하십니까?
① 매우 잘하고 있다   ② 잘하는 편이다
③ 잘못하는 편이다   ④ 매우 잘못하고 있다
⑤ 모름/무응답

척도는 통상적으로 '보통'이라는 중간 항목을 포함하여 5개나 7개의 선택지를 준다. 즉 서열척도로 태도를 측정하려면 5항목 혹은 7항목을 설정하는 것이 일반적이다. 지지에 강도를 줄 경우 극단적인 긍정·부정 평가 사이에 중립적인 등간 점수가 부여되어야 한다는 것이다. 그러나 국내 여론 조사 기관의 대부분은 대통령 국정 운영 평가를

4단으로 측정한다.

왜 국내 조사 기관들은 일반적이 리커트 척도와 달리 중가 항목을 배제하고 지지 강도를 측정하는 것일까? 긍정과 부정 항목 사이에 '보통'이라는 항목을 넣으면, 평가를 유보하는 응답자들이 '보통' 항목을 선택할 가능성이 높다. 이렇게 되면 긍정과 부정 평가는 '보통' 항목이 없는 척도를 사용할 때보다 훨씬 많이 줄어들게 된다. 중간 항목의 배제는 긍정과 부정 평가의 수치를 늘리는 결과를 가져온다.

또한 2점 척도와 달리 4점 척도의 사용은 대통령에 대한 찬성과 반대 의견의 비율을 높이는 방향에서 작동된다. '잘함'과 '잘못함'이라는 단순한 2단 조사와 다르게 4단 조사는 긍·부정의 온건한 태도를 포함한 결과, 유보적 태도를 줄이고 긍정과 부정 평가를 늘리기 때문이다. 여기에 더해 리얼미터 조사에는 대통령 국정 수행의 긍정과 부정 평가를 늘리는 다른 요소가 있다. 바로 온건한 평가 항목을 위해 ②와 ③에 '하는 편이다'라는 상대적 표현을 사용한다는 점이다. '잘함'과 '잘못함'이라는 절대적 평가와 '잘하는 편'과 '잘못하는 편'이라는 상대적 평가가 혼재되어 있는 것이다. 이러한 상대적 표현은 유보적 태도를 줄이고, 전체적으로 '잘함'과 '잘못함'의 응답 수치를 높이는 효과를 가져온다.

다른 한편 대통령 국정 운영 평가를 위한 4점 척도의 사용은 긍·부정의 강한 태도와 온건한 태도를 포함하기 때문에 2단 항목의 조사보다 더 많은 정보를 제공할 수 있다는 장점이 있다. 예를 들면 부정 평가가 긍정 평가보다 많이 나온다고 하더라도 '매우 잘못함'이라는 강한 부정이 온건한 부정보다 많다면, 대통령 국정 운영에 대한 부정의 강도는 다르게 전달되어야 한다. 반대의 경우도 마찬가지다. 그러나 조사 기관의 결과 보고나 언론의 기사는 4단으로 측정한 후 2단으로 병합된 수치를 전면에 내세운다. 최근에 4단 측정의 결과를 보여 주는 기사가 없지 않지만, 4단 측정이 제시하는 지지 강도의 의미가 잘 전달되지는 않는다.

〈표 4-3〉 리얼미터의 대통령 국정 수행 4단 평가 평균

	2015.01~2016.10	2019.09~2021.11
매우 잘하고 있다	13.5	25.6
잘하는 편이다	26.9	18.6
잘못하는 편이다	19.6	14.1
매우 잘못하고 있다	33.9	37.8
모름/무응답	6.1	4.0

출처: 리얼미터의 월별 1주차 정례 조사 자료

〈표 4-3〉의 리얼미터 자료에서 알 수 있는 것처럼, 대통령 국정 수행에 대한 부정 평가가 긍정 평가보다 많은 시기에 '매우 잘못함'이라는 강한 부정 평가가 '잘못하는 편'이라는 온건한 부정 평가보다 많이 나타난다. 박근혜 대통령에 대한 부정 평가가 긍정 평가보다 많아지기 시작한 2015년 1월부터 탄핵 국면 이전 2016년 10월까지 '매우 잘못함'은 평균 33.9%로 가장 많았다. 또한 이른바 '조국 사태'로 문재인 대통령에 대한 부정 평가가 긍정 평가보다 많이 나오기 시작한 2019년 9월부터 2021년 11월까지 '매우 잘못함'은 37.8%로 가장 많았다. 이 기간에 문재인 대통령의 국정 수행에 대한 긍정 평가의 평균이 44.2%였다. 정부·여당으로서는 나쁘지 않은 평가라고 만족했을

지 모르지만, 강한 부정이 가장 많은 국민의 평가는 국정에 대한 재검토를 알리는 신호였을 것이다.

3) 3점 척도의 갤럽 조사

태도를 측정하는 조사는 리커트 척도 구성의 간격이 불균등하다는 단점을 보완하기 위해 '잘함' 대 '잘못함' 혹은 '동의함' 대 '동의하지 않음'과 같은 2단 선택지가 주어지는 '서스톤 척도(Thurstone Scale)'를 사용한다. 서스톤 척도는 '보통'이라는 중간적인 태도를 포함하지 않는다. 그러나 갤럽의 대통령 직무 평가 설문은 '어느 쪽도 아님'을 3번 항목으로 설정하고 있어, 실제로 3단 척도의 효과를 지닌다.

● 갤럽의 대통령 직무 평가 설문
○○님께서는 요즘 ○○○ 대통령이 대통령으로서의 직무를 잘 수행하고 있다고 보십니까, 아니면 잘못 수행하고 있다고 보십니까?
(3과 9인 경우, 굳이 말씀하신다면 '잘하고 있다'와 '잘못하고 있다' 중 어느 쪽입니까?)
① 잘하고 있다   ② 잘못하고 있다
③ 어느 쪽도 아니다   ⑨ 모름/무응답

대통령 직무 평가에 대한 갤럽 조사의 또 다른 특징은 '어느 쪽도 아님'과 '모름/무응답' 응답자에게 한 번 더 질문하는 것이다. 이렇게 하면, 당연히 첫 번째 질문에서 나오는 '잘함'과 '잘못함'의 수치가 늘어날 것이다. 과거 갤럽의 대통령 지지도 조사에서는 두 번 질문이 없

었던 것으로 추정된다. 2005년 1월 갤럽 조사는 "○○님께서는 요즘 노무현 대통령이 대통령으로서의 직무를 잘 수행하고 있다고 보십니까? 혹은 잘못 수행하고 있다고 보십니까?"라고 한 번만 질문한다 (갤럽 DB). 그렇다면 왜 한 번 질문에서 두 번 질문으로 설문 방식을 변경했을까? '보통' 항목을 포함하여 한 번만 질문하는 조사에서는 대통령 지지도가 4점 척도로 측정하는 다른 기관의 조사보다 낮게 나왔을 것이다. 지지율의 등락을 뚜렷하지 않은 조사를 언론이 선호하지 않았을 것이고, 정부·여당과 그 지지층도 이러한 조사 결과를 불신했을 것이다.

대통령 지지도에 대한 갤럽 조사의 문제는 2단 선택지를 주는 서스톤 척도에서 중립 항목을 사용하고 있다는 점이다. '어느 쪽도 아님'을 선택한 응답자에 대한 정보를 제공하지도 않으면서 굳이 이 항목을 포함하는 이유를 이해하기 어렵다. 중립 항목을 포함하여 4단 척도의 조사보다 낮은 지지도를 얻고, 이에 따라 다시 두 번 질문하는 복잡한 방식을 사용할 필요가 없다는 것이다. 강도를 포함하지 않는 태도 측정의 설문에서 사용하지 않는 중립적 태도 항목을 배제하고 단순하게 '잘함'과 '잘못함'을 한 번만 묻는 설문 방식이 실제 여론을 잘 드러낼 것이다.

4) 대통령 지지도 설문의 외국 사례

다음 상자 안의 텍스트는 미국과 영국의 영향력 있는 조사 기관의 대통령 직무 평가에 관한 설문이다. 네 기관 모두 2단 항목의 서스톤

Pew Research(https://www.pewresearch.org/topic/politics-policy/leaders/presidential-approval)

Do you approve or disapprove of the way 000 is handling his job as president?

Approve   Disapproval   Don't know/Refused

Gallup(https://news.gallup.com/interactives/185273/presidential-job-approval-center.aspx)

On the whole, do you approve or disapprove of the way 000 is handling his job as president?

Approve   Disapprove   Unsure/NoData

Ipsos-MORI(https://www.ipsos.com/en-uk/political-monitor-archive)

Are you satisfied or dissatisfied with the way 000 is doing his job as Prime Minister?

Satisfied   Dissatisfied   Don't know

YouGov(https://yougov.co.uk/topics/politics/trackers/boris-johnson-approval-rating)

Do you think that 000 is doing well or badly as Prime Minister?

Well   Badly   Don't know

척도를 사용하고 재질문은 하지 않는다. 미국의 두 개 조사 기관은 모두 현직 대통령이 대통령으로서 그의 일을 수행하는 방식에 대한 찬성과 반대로 대통령 지지도를 측정한다. 설문이 표준화되었다고 볼 수 있다. 영국의 입소스-모리는 총리의 직무 평가에 대한 만족과 불만족으로 리더십을 평가하고, 유고브는 총리로서 잘하고 있는지 혹은 나쁘게 하고 있는지에 대한 의견을 물음으로써 직무를 평가한다. 그러나 유고브는 '모름'을 항목에 포함하는 점이 앞의 조사 기관과 다르다. 평가 유보의 태도를 반영하기 위한 의도일 것이다.

외국의 대표적인 조사 기관의 대통령 지지도 조사는 대체로 표준화되어 있다고 볼 수 있다. 설문은 강도 측정 없이 모두 2단 항목을 사용하고, 지지와 반대의 응답을 유도하기 위한 재질문을 수행하지 않는다. 예외적 사례는 유고브처럼 '모름'을 선택 항목에 포함한다는 것이다. 이 경우도 '모름'은 '보통' 혹은 '어느 쪽도 아님'과 같은 중립 항목으로 설정되지 않는다. 이에 비하면 우리나라 조사 기관의 대통령 지지도 조사는 복잡한 편이다. 강도를 측정하는 4단 항목을 사용하거나, 2점 척도의 조사에서는 중립 항목을 포함하여, 이에 응답한 사람에게 긍·부정의 평가를 다시 이끌어 낸다.

4. 표준화의 필요성

1) 기존 설문 설계의 동기

지금까지 우리나라의 대표적인 여론 조사 기관인 갤럽과 리얼미터의 정당 지지도와 대통령 지지도의 설문을 살펴보았다. 두 조사 기관이 채택하고 있는 정당 지지도 설문의 문제점은 유권자의 당파성을 측정할 수 있도록 설계되어 있지 않다는 것이다. 당파적 태도는 이념과 함께 유권자의 정치적 성향을 결정하는 핵심 변수인데, 두 조사 기관의 정당 지지도 조사는 선거 예측에만 기울어져 있다. 대통령 지지도에 대한 두 조사 기관의 설문 양식 또한 판이하게 다르다. 갤럽의 설문은 2단 항목이지만 '어느 쪽도 아님'을 문항에 포함하여 재질문하고, 리얼미터 조사는 중립적 항목이 없는 4점 척도를 사용한다.

주목해야 할 점은 리얼미터와 갤럽 조사의 설문이 모두 대통령 지지도와 정당 지지도의 수치를 높이는 방향으로 설계되어 있다는 것이다. 정당 지지도 설문에서 한국갤럽은 외국 조사 기관과 달리 한 번의 질문에 무당층의 정당 선호를 재질문한다. 리얼미터의 설문은 한 번의 질문에 지지와 선호를 동시에 묻고 있다. 이렇게 함으로써 두 조사 기관의 정당 지지도 조사는 선거 예측에는 유용할지 모르지만, 당파적 유권자의 실제 크기를 보여 주지 못한다. 조사는 일상 시기 정당을 지지하는 유권자의 수치라고 하기에는 너무나 과장된 수치를 제공하는 셈이 된다. 대통령 지지도 조사에서 리얼미터는 강도를 표시하는 리커트 척도가 반드시 필요로 하는 중립적 항목을 배제한다. 긍정과 부정 평가의 수치를 높이기 위함이다. 갤럽은 서스톤 척도에 없는 중립 항목을 포함하고, 이 항목 응답자에 한해 재질문을 실시한다. 낮은 수치를 피하기 위한 시도로 보인다.

그러면 왜 우리나라 조사 기관들은 대통령 지지도와 정당 지지도의 수치를 높이는 방향으로 설문을 설계하고 있는가? 대통령 국정 평가와 정당 지지를 묻는 설문을 이렇게 설계하는 데에는 세 가지 정도의 이유가 있을 법하다. 첫째는 이 두 주제의 설문을 오랫동안 수행해 온 외국 조사 기관들이 공유하는 표준화된 설문의 원칙을 잘 이해하지 못하거나 심각하게 고민해 보지 않았기 때문일 것이다. 두 번째는 조사 기관이 특정한 정치 성향을 가지고 있기 때문에 특정 정부와 정당의 지지도를 높이려는 경향이 있다는 의심이다. 그리고 세 번째로 조사 기관이 조사 의뢰자의 구미를 맞추려는 동기 때문에 나타나는 현상일 가능성도 있다.

우선 부적절한 설문 설계에 조사 기관의 무지가 한몫한다는 주장에는 근거가 없지 않다. 정당 지지도 설문에서 우리나라 조사 기관들은 이중의 의미를 지닌 질문을 사용함으로써 설문 작성에서 우선적으로 강조하는 단순성의 원칙을 지키지 않고 있다. 또한 대통령 지지도 설문에서도 절대적 평가와 상대적 평가가 혼재된 척도를 사용하고, 강도를 주지 않는 태도 측정임에도 불구하고 중간 항목을 설정하고 있다. 이렇듯 영향력 있는 조사 기관이 오랫동안 통상적인 질문 작성 원칙에 벗어난 설문을 사용해 왔다는 것은 표준화된 설문의 중요성을 이해하지 못하거나 가볍게 인식해 왔음을 말해 준다.

두 번째로 대통령 지지도와 정당 지지도의 수치를 올리는 방향으로 설문을 설계하는 이유에 정치적 편향이 게재되어 있다는 의심이다. 선거 시기에는 대통령 후보든 국회의원 후보든 이들의 지지도 조사를 수행하는 수많은 조사 기관이 출현한다. 그중에는 특정 정당이나 후보의 편에 서서 지지도 조사를 수행하는 기관이 있을 수 있다. 이러한 의심을 들게 하는 근거는 같은 시기 동일한 국회의원의 지지도 조사에서 상반된 결과가 나오는 사례가 자주 눈에 띄기 때문이다. 그러나 이런 조사들은 대개 영세한 조사 기관들의 선거구별 후보 지지도 조사로, 조사 의뢰자의 구미에 맞추려는 동기를 가지는 것으로 볼 수 있다.

그렇다면 일상적인 정치 여론 조사에는 정치적 편향이 게재되지 않았을까? 대통령 지지도 조사가 4점 척도로 수행되기 시작할 무렵 이러한 의문이 제기되었다. 시기를 특정할 수 없지만 강도를 측정하던 대통령 지지도 설문에서 중립항인 '보통'이 배제되었으며, 이러한 설계에는 당시 집권 세력에게 유리한 여론 환경을 조성해 주기 위한 조사 기관의 의도가 깔려 있었다는 것이다. 20여 년 전 정치 여론 조사에서는 중립항을 배제하면 긍정 평가와 함께 높아지는 부정 평가의 수치는 공표하지 않았기 때문에 이러한 의혹이 설득력을 지니는 것 같다.

대통령 지지도 조사에서 4점의 평가 척도는 한국갤럽을 제외한 거의 모든 조사 기관에서 사용하고 있다. 특히 리얼미터는 2005년에 설립된 조사 회사로, 홈페이지에 공개된 자료를 보면 정례 정치 조사를 2015년부터 실시해 왔다. 이들의 조사는 보수 정부와 진보 정부 기간을 걸쳐 수행되었기 때문에 4점 척도 사용에 특정 정파를 위한 편향이 게재된다고 보기 힘들다. 특히 박근혜 정부 때부터는 대통령 지지도 조사의 언론보도에 긍정 평가와 함께 부정 평가도 반드시 공표해야 하는 원칙이 적용되고 있다. 따라서 4점 척도의 사용이 현직 대통령에 유리하게 적용된다고 볼 수도 없다.

오히려 조사 기관들이 정당 지지도와 대통령 지지도의 수치를 높이는 방향에서 설문을 설계하는 데에는 상업적 동기가 작동한다고 볼수 있다. 특히 조사 의뢰자인 언론 기관의 입맛에 맞추기 위해서라는 의심을 해 볼 수 있다. 수치가 높게 나오면 지지율의 등락이 뚜렷해질 것이고, 따라서 언론의 기삿거리로 유용하기 때문이다. 특정한 언론에 의뢰를 받지 않고 조사 결과를 발표하는 갤럽을 제외하고, 대부분의 조사 기관은 언론의 의뢰를 받아 정치 여론 조사를 수행하고 있고, 이들은 대통령 지지도 설문에서 긍정과 부정 평가가 모두 높게 나오는 4점 척도를 사용하고 있다. 언론의 자극적인 기삿거리를 위해 정치 조사의 수치가 과장되고 있는 것이다.

2) 설문 표준화의 필요성

여론 측정은 각 응답자에게 동일한 절차를 적용함으로써 수행되고, 따라서 응답 사이의 차이는 모집단에서 실제 차이로부터 기인해야 한다. 측정에서의 차이는 측정 도구나 측정 절차의 성격 탓으로 돌려져서는 안 된다는 것이다. 따라서 조사 면접은 측정 오차를 줄이기 위해 측정 과정의 모든 측면에 걸쳐 최대한 표준화되어야 한다.

조사 면접의 표준화는 우선 조사를 주도하는 조사원에게로 향해 있다. 조사는 성, 인종, 나이, 경험 수준과 같은 조사원의 특성이 응답자의 태도에 영향을 미치는 것을 통제해야 한다. 또한 조사원은 설문의 시나리오대로 질문을 제시함으로써 모든 응답자가 동일한 자극에 노출되도록 해야 하며 중립적 태도로 응답을 타진해야 한다는 것이다.

그러나 조사원의 특성과 태도에 관한 표준화된 규칙은 설문이 최대한 타당성 있게 설계되었음을 전제하고 있다. 설문의 타당성을 조사원이 훼손해서는 안 된다는 점에서 조사원의 특성과 태도의 표준화가 중요해지는 것이다. 그러나 조사원이 전달하는 설문이 부적절하게 설계되었다면 조사원이 아무리 표준화된 면접 규칙을 따른다 해도 면접에 의한 측정 오차의 발생을 피할 수 없다. 설문 설계의 표준화가 조사 면접에서 근본이 되는 이유다.

조사 방법은 오랜 기간 다양한 통찰을 고려하면서 설문의 표준화된 규칙을 제시하고 있다(Converse and Presser 1986, 참조). 예를 들어 가장 흔히 제시되는 원칙은 질문의 단순화이다. 일상의 언어 구사와 짧은 질문, 이중의 의미를 지닌 질문 피하기, 통상의 개념 사용하기 등이 그것이다. 척도 구성도 설문 표준화에 있어 민감한 이슈 중 하나다. 태도 측정에서 있어 2점 척도의 사용, 강도 측정에서 중간 선택지의 생략 문제 등이 그것이며, 설문항의 순서 또한 설문 표준화의 고려 사항이다.

이 장에서 상세히 살펴본 것처럼 우리나라의 정치 여론 조사는 대통령 지지도와 정당 지지도 같은 핵심 설문에서조차 외국 조사 기관들이 대체로 지키고 있는 표준화의 원칙을 경시하고 있다. 설문의 표준화는 현실성이 결여된 주장이라는 의견이 있을 수 있다. 조사 회사들이 시장에서의 경쟁을 위해 설문을 달리하는 것은 불가피하다는 것이다.

그러나 이 장에서 제시한 대통령 지지도와 정당 지지도의 설문 사례에서 알 수 있듯이 외국 조사 기관들은 표준화의 원칙을 대체로 따르고 있다. 이들은 설문항의 조작으로 조사 결과를 차별화하기보다 표본의 대표성을 높이는 조사 방법의 개선을 통해 조사의 정확도를 차별화하는 방향에서 경쟁하는 모습을 보여 준다. 이러한 점을 비추어 보면 우리나라의 정치 여론 조사 기관들은 표준화에 대한 경각심을 지금보다 더 높게 지녀야 할 것이다. 이를 위해서는 조사에 전문성을 지니는 학계가 표준화의 중요성과 그 대안을 제시할 필요가 있다. 학계의 전문가들이 조사 기관들의 이해관계를 배제하고 객관적인 태도로 조사의 정확도를 높이는 설문의 표준화 방안을 제시할 수 있기 때문이다.

제5장

응답은 신뢰할 만한가

이 장은 여론 조사의 신뢰도를 위협하는 주요 원천 중 하나인 응답자의 거짓 진술에 대한 문제, 즉 응답의 신뢰도 문제를 다루고자 한다. 우리는 앞의 제3장과 제4장에서 측정 오차를 발생시키는 낮은 표본의 대표성과 타당하지 않은 설문의 문제를 살펴보았다. 그러나 이 두 문제를 해결하는 방향에서 조사가 잘 설계되었다고 하더라도, 여전히 측정 오차를 발생시키는 또 다른 문제가 있다. 바로 응답자의 진심 은폐 문제가 그것이다. 조사 방법론은 이러한 종류의 오류를 '사회적 바람직함의 효과(social desirability effect)'로 설명해 왔다. 응답자가 사회적으로 민감한 질문을 받을 때, 규범이나 윤리에 의한 압박을 느껴 조사원에게 진심을 감추기 때문에 오류가 발생할 수 있다는 것이다. 금연이 사회적 규범으로 작동하면서 설문 조사에서 흡연자의 수가 실제보다 적게 나온다거나, 선거 전 혹은 후 조사에서 투표 참여자의 수가 과장되게 나타나는 것 등이 이러한 종류의 오류다.

응답자의 거짓 진술 현상은 최근 보수층 사이에서 현저하게 나타나는 경향이 있다. 모든 종류의 차별을 금지해야 한다는 '정치적 올바름(political correctness)'의 운동이 정치적 헤게모니를 얻게 된 상황에서 보수 성향의 유권자들이 성이나 인종차별 이슈에 대한 태도를 묻는 질문에 거짓으로 응답함으로써 조사의 오류가 심각하게 발생한 것이다. 2016년에 있었던 영국의 브렉시트 국민 투표, 트럼프가 승리한 미국 대선이 그 대표적인 사례다. 여론 조사에서 영국의 보수층이 브렉시트 찬성을 드러내지 않고 미국의 보수층이 트럼프 지지를 숨김으로써, 실제 투표 결과가 대부분의 여론 조사 예측과 상반되게 나온 사건들이다.

'정치적 올바름의 편향'은 비단 차별 이슈에 국한되지 않는다. 왜냐하면 정치적으로 올바르게 사고하고 행동해야 한다는 압박은 넓은 의미에서 특정 정치 세력이 주도하는 운동과 이슈가 정치적 헤게모니를 잡을 때 작동할 수 있기 때문이다. 이렇게 볼 때 박근혜 전 대통령 탄핵 이후 여러 차례의 선거에서 나타난 '샤이 보수' 현상도 '정치적 올바름'에 기인한 조사의 편향 효과로 볼 수 있다. 보수 진영이 크게 분열할 정도로 수세에 몰린 상황에서 일부 보수 성향 유권자들이 조사에서 자신의 표심을 감춤으로써 여론 조사의 예측이 투표 결과와 큰 차이를 보인 것이다.

  이러한 맥락에서 이 장은 정치 여론 조사에서 제기되는 응답의 신뢰성 문제를 살펴본다. 먼저 응답 신뢰도와 관련한 여러 유형의 오차 중 '거짓 응답'으로 인한 오차의 성격과 원인을 밝힌다. 다음으로 최근 보수층을 중심으로 나타나는 '정치적 올바름'의 현상을 설명하고 외국에서 나타난 대표적인 사례들을 소개한다. 마지막으로 이 장은 한국에서 나타나는 '정치적 올바름'의 현상을 설명하고 그 증거들을 제시하도록 한다.

1. 응답자의 거짓 진술

    응답이 정확하지 않아서 발생하는 오차의 원천은 다양하다. 와이즈버그(Weisburg 2018)는 응답 정확도와 연관된 측정 오차를 세 유형으로 분류했다. 무응답 항목으로 인한 오차, 응답자로 인한 오차, 그리고 조사원으로 인한 측정 오차가 그것이다. 무응답 항목으로 인한 오차란 개별 질문에 대한 무응답이 발생시키는 측정 오차를 말하는데, 만일 무응답이 무작위로 발생한다면 크게 문제되지 않는다. 그러나 특정 질문에 대답하지 않는 사람들이 그 질문에 대답하는 사람들과 체계적으로 다르다면 조사 결과의 편향을 가져올 수 있다. 예를 들면 소득에 대한 질문에 고소득층 응답자들의 무응답 비율이 높고, 그들이 보수적으로 투표한다면, 소득과 투표 사이의 상관관계는 실제보다 약해질 것이다. 이 유형의 오차는 훈련된 조사원을 사용함으로써 어느 정도 줄일 수 있고, 인터넷 조사에서 응답하지 않으면 다음 질문으로 넘어가지 않는 방식으로도 해결할 수 있다.

　조사원으로 인한 오차는 조사원이 실수로 응답을 잘못 입력하는 경우 발생한다. 조사원의 발음이 특정 단어에서 틀린다면 보다 체계적인 오류를 가져온다. 조사원이 사투리를 써서 특정 지역 응답자들의 호감·비호감을 주는 경우도 마찬가지다. 이러한 오차들은 조사원의 면접 과부하를 줄인다거나 표준화된 면접의 훈련을 통해 줄일 수 있다.

　응답자로 인한 측정 오차의 원천으로는 설문의 불명확성, 편향성, 난해함, 설문항의 순서, 응답자의 거짓 진술이 있다. 이 중 앞의 네 가지는 설문 설계가 잘못되어 응답이 오류를 발생시키는 것들이다. 앞 장에서 상세히 다루었기 때문에 여기서는 이에 관한 설명을 생략한다. 응답자의 거짓 진술이란 응답자가 사회적 규범으로 인한 심리적 압박 때문에 자신의 진심과는 다른 대답을 하는 행태를 말한다.

　무응답 항목으로 인한 오차나 조사원으로 인한 오차들은 조사원에 대한 훈련과 정비를 통해 어느 정도 줄일 수 있다. 응답자로 인한 오차도 잘 검증된 질문이나 설문의 사전 검증을 통해 최소화될 수 있다. 그러나 응답자의 거짓 진술 문제는 조사원 훈련이나 설문의 개선으로 해결되기 힘들다.

　조사 방법론에서 이러한 종류의 오류는 '사회적 바람직함 효과(social desirability effect)'로 설명되어 왔다. 응답자는 사회적으로 민감한 질문을 받을 때 사회적으로 바람직한 답변을 하려는 경향을 지닌다(Scott 1963; Phillips and Clancy 1972; Nederhof 1985). 따라서 규범적으로 선한 태도나 행위는 조사에서 과대 표출되고, 나쁜 태도나 행위는 과소 표출되게 된다는 것이다. 예를 들어 도박과 마약 사용의 습관을 묻는 조사에서 응답자들은 사회적 규범을 어기는 행위를 시인하도록 요구받는다. 이러한 상황에서 응답자들은 얼마나 자주 마리화나를 피우고 카지노를 방문하는지에 대해 거짓 진술을 하게 된다. 응답자가 스스로에 대해 우호적인 이미지를 드러내려 하고, 혹은 부정적으로 인식되는 것을 피하려 하기 때문이다. 응답자의 이러한 자기기만으로 인해 조사 결과에 편향이 발생하는 것이다. 그간의 연구에 따르면(Krumpal 2013), 과소 표출되는 항목에는 불법 마약 사용, 흡연, 음주, 낙태, 수입 등이 있고 과대 표출되는 항목에는 투표, 좌석 벨트 착용, 에너지 절약과 재활용 등이 있다.

'사회적 바람직함'의 편향은 전화 면접이라는 조사 방식과 깊이 연관되어 있다. 응답자가 사회적으로 바람직하지 않은 응답을 피하고 바람직한 응답을 하고자 하는 행태는 자기 기입 방식의 조사보다 전화 면접처럼 조사원이 주도하는 조사에서 더 현저하게 나타나기 때문이다. 이론적으로 프라이버시가 덜 보장되는 조사 환경이 응답자의 자기기만을 더 많이 조장한다(Ransiski 1999). 조사원의 존재는 응답자의 대답이 조사원에게 부정적 이미지를 줄 것이라는 걱정을 야기하고 사회적으로 바람직한 응답을 이끈다는 것이다.

사회적 바람직함 효과도 응답자의 근심을 최소화하는 설문의 개선을 통해 어느 정도 해결할 수 있을지 모른다. 그러나 정치 여론 조사에서 사회적 압박으로부터 오는 자기기만을 제거하기란 쉽지 않다. 예를 들어 투표율에 대한 설문은 어느 나라의 조사에서도 유사한 문구를 사용할 정도로 표준화되어 있다. 그러나 응답자들은 투표 참여가 민주주의의 규범이라고 생각하기 때문에, 투표하지 않았으면서도 투표했다고 응답하는 경향이 있다. 선거 후 조사의 투표율이 실제 투표율보다 항상 높게 나타나는 사실이 이를 말해 준다. 이민자 차별 정책을 노골적으로 제기하는 후보나 부정 비리에 얽힌 정당과 후보에 대한 여론 조사상의 지지와 은폐도 정당이나 후보 지지를 묻는 질문을 개선한다고 해결할 수 있는 문제가 아닌 것이다.

2. '정치적 올바름'의 편향

지난 20년 사이에는 '정치적 올바름(Political Correctness)'이라는 심리적 압박이 응답자의 자기기만을 조장하는 원천으로 부상하였다. 소수자에 대한 차별과 배제의 표현 및 행동을 금해야 한다는 '정치적 올바름'이 규범으로 작용하면서, 보수적인 여론 조사 참여자들은 이민자, 성차별 등의 이슈에 대해 자신의 진심을 은폐하는 경향이 나타났다. 이에 따라 관련 이슈에 대한 보수적 견해가 여론 조사에서 과소 표출되고, 이는 선거나 국민 투표에 대한 조사 기관의 잦은 예측 실패로 이어졌다. 여론 조사에 대한 심각한 불신을 야기한 2016년 미국 대선과 영국 브렉시트 국민 투표에서의 선거 예측 실패가 대표적인 예다.

사전적 의미에서 '정치적 올바름(이하 PC)'이란 인종적·문화적으로 다른 집단을 경멸하고 배제하는 표현과 행동을 삼가는 것을 말한다. 이는 이민자, 동성애자 등 여러 집단의 정체성이 합류하는 정치적 상황에서 어느 한쪽으로 기울지 않고 올바르게 처신해야 한다는 일종의 '도덕적 공정성' 혹은 포용과 공존의 가치로 받아들여진다(Roper 2020). 그러나 PC는 단순히 사회적 문제를 이슈화하는 차원에 놓여 있지 않고 사람들의 언어적 표현까지 간섭한다는 데 그 특징이 있다(Fairclogh 2003). 이것은 PC 운동이 차별주의자로 통칭될 수 있는 반대 세력에 대해, 그들의 태도와 의견을 다수가 수용하도록 강제하는 헤게모니 투쟁 속에 있음을 의미한다. 나아가 '차별하지 말고 공평하게 대해야 한다'는 태도가 사회적 규범으로 수용되고 있다는 점에서 PC는 이미 정치적 헤게모니를 획득했다고 볼 수 있다.

그러나 PC의 헤게모니적 상황에도 불구하고, 그것이 제시하는 이슈와 정책에 반대하는 사람들도 상당수 존재한다. 일반적으로 사람들이 보수−진보의 이념 정향에 기반해서 정치적 태도를 가진다. 따라서 다수의 보수층이 PC의 평등주의적 가치에 대해 비판적인 사고와 의견을 갖는 것은 당연할 것이다. PC의 주도 세력으로 페미니스트와 LGBTI(성 소수자 옹호 단체)를 떠올리는 것처럼, 공중이 인식하는 PC 운동은 이념 스펙트럼상의 좌측 끝에 놓인다(Moss and O'Connor 2020). 이는 언어적 검열이 상존한다고 해도 PC적 태도와 의견에 동조하지 않는 사람들이 사회 내에 상당수 존재할 수 있다는 것을 의미한다.

PC의 헤게모니적 압박에 대해 반대자들의 반응은 두 가지 형태로 나타날 수 있다. 하나는 혹시 모를 자신의 차별적 언행이 사회적 비난을 받을 것이라는 우려 때문에 사람들 사이에서 의식−무의식적으로 언행에 대한 자기검열이 일어난다는 것이다. 이 경우 잠재적 실수에 대한 부담으로 인해 젠더나 소수자에 대한 발언에 소극적 태도를 보이게 된다. 다른 하나는 PC 운동의 강압적 성격 때문에 형성되는 반발심과 의구심이다. 콘웨이와 그의 동료들은 PC와 같은 규범의 과도한 표출이 그 규범이 갖는 본래의 긍정적 목적을 훼손하고 장기적으로는 부정적 소통을 생산한다는 이론을 제시함으로써 PC에 대해 사람들이 갖는 부정적 감정을 설명한다(Conway et al. 2009). 이들에 의하면, 고압적 규범은 사람들로 하여금 형성되어 있는 합의를 강요된 탓으로 돌리게 함으로써 그 규범이 생산해 온 본래의 가치를 훼손시킨다는 것이다. 따라서 자기 검열을 강제하는 PC 규범은 선택의 자유를 억누른다는 단순한 반발심뿐만 아니라 그것이 지니는 정보의 정당성에 대한 의구심을 야기한다는 것이다.

이러한 반감과 의구심은 때로 소수자 집단에 대한 혐오로 이어지고, 우익 포퓰리즘(populism)의 동원 대상이 된다. 오늘날 우리는 보수 정치인들이 PC 운동에 대한 대중적 반감을 간파하고 PC운동을 공격함으로써 정치적 지지를 끌어내는 사례를 자주 목도한다. 유럽과 미국의 극우 포퓰리즘 정치에서 나타나는 현상이다. 지식인 사회는 포퓰리스트 정치인들의 이러한 언행에 비판의 날을 세우지만, PC의 사회적 압박에 반발심을 가지는 대중들은 노골적으로 혹은 은밀하게 그들의 등장에 환호한다. 이러한 점에서 미국 유권자들의 트럼프에 대한 놀랄 만한 지지는 문화적 일탈이 아니라 고압적 소통규범의 현저함이 가져온 결과일 것이다(Conway et al. 2017).

그렇다면 PC는 어떻게 정치 조사에서의 편향을 가져오게 되는가?

사람들이 PC 규범에 반감을 갖는다고 하더라도 자기 검열을 중단하고 이를 노골적으로 표출하지는 못한다. 지식인 사회와 대부분의 언론이 PC 규범을 옹호하는 만큼 그 압박이 크기 때문이다. 이러한 상황에서 반감을 가진 사람들은 전화 조사의 조사원과 맞닥뜨리면 PC 이슈와 PC에 비판적인 보수 정치인에 대한 자신의 진심을 감추고 거짓 답변을 하게 된다는 것이다. 이렇게 해서 보수성향의 유권자들이 PC 이슈에 대한 태도와 후보 지지를 묻는 조사에서 거짓 응답을 하게 되고, 조사 결과는 전체 유권자들의 의견과 많은 차이를 보이게 된다.

　여기서 주목해야 할 사실은 '사회적 바람직함'과 마찬가지로 '정치적 올바름'의 편향도 유독이 전화 면접에서 눈에 띄게 나타난다는 것이다. PC 편향은 사회적 압박으로 인해 보수 유권자들이 차별 철폐 운동의 이슈에 대한 진심을 감추려는 심리에 의해 발생한다. 따라서 익명성이 보장되지 않는다고 느껴지는 조사에서 보수 성향의 응답자들은 자신의 의사를 감추려는 심리를 갖게 된다. 전화 면접 조사의 단점 중 가장 먼저 거론되는 것은 얼굴도 모르는 조사원이 전화 저편에서 자신의 의견을 듣고 있다는 생각에, 응답자가 속마음을 제대로 드러내지 않으려는 경향이 생긴다는 것이다. 이러한 조사 환경에서 PC 이슈에 대해 부정적 견해를 가진 응답자는 자신의 의견을 밝히려 하지 않을 것이다. 반면에 면접원 없는 ARS나 웹 조사처럼 익명성이 보장된다고 느껴지는 조사 환경에서 보수 성향의 응답자들은 PC 이슈에 대한 그들의 태도를 상대적으로 솔직히 드러낼 것이다.

3. PC 편향의 사례들

PC 편향의 사례는 여론 조사에서 앞서고 있던 흑인 민주당 후보가 실제 선거에서 백인 공화당 후보에게 패배한 1982년의 미국 캘리포니아 시장 선거로 거슬러 올라간다. 당시 여론 조사의 예측이 빗나간 것은 일부 백인 유권자들이 백인 후보에게 투표할 의사를 가지고 있음에도 불구하고, 여론 조사에서 '아직 결정하지 않았다'라거나 흑인 후보에게 투표할 것처럼 거짓으로 응답했기 때문이다. '브래들리 효과(Bradley Effect)'로 알려진 백인 보수 유권자들의 이러한 응답 태도는 이후 미국 선거에서 몇 차례 반복된다.

1) '트럼프 대선' 여론 조사

2016년 미국 대선의 선거 운동이 막바지를 향해 가던 시점에 대부분의 언론사는 도널드 트럼프에 대한 힐러리 클린턴의 우세를 예측하는 여론 조사 결과를 보도하고 있었다. 선거 전 수개월 동안 미국의 주요 여론 조사 기관들은 전국 수준 조사에서 클린턴의 지속적인 우세를 보고하였고, 경합 주(swing state) 15곳 중 9곳에서 클린턴의 승리를 예측하였다(ABC NEWS 2016). 이에 대해 트럼프는 자신의 지지자 일부가 전화 면접에 응대하지 않기 때문에 여론 조사가 자신을 향한 유권자의 지지를 파악하는 데 실패하고 있다고 주장하였다(Shepard 2016). 더 나아가 트럼프는 "엉터리 여론 조사를 무시하고 투표장에서 만들어 내는 승리가 또 다른 '브렉시트'가 될 것"이라고 자신의 지지자들에게 호소하였다(Engel 2016).

선거 결과는 트럼프의 승리였다. 전국 투표의 결과는 클린턴이 48.2%를 얻어 46.1%를 득표한 트럼프보다 앞섰다. 그러나 트럼프는 클린턴의 승리를 예측했던 9개 경합 주 중 5곳에서 이겼고, 선거인단 531인 중 306인을 차지함으로써 대통령에 당선되었다(ABC NEWS 2016). 여론 조사의 예측은 빗나갔고, 대다수의 언론에서 소망스럽지 않은 인물로 비쳤던 트럼프가 당선된 것이다. 이러한 결과는 미국뿐 아니라 전 세계의 조사 기관과 전문가들을 놀라게 하였다.

선거 직후 조사 전문가들 사이에서는 트럼프 지지가 저평가된 다양한 이유가 제시되었다. 유권자의 투표 선택에 대한 늦은 결정, '샤이 트럼프(shy Trump)' 현상, 저학력층의 무응답 편향, 학력에 대한 가중치 보정의 결여 등이 그것이다(Ad Hoc Committee 2016). 이들 중 언론매체에서 가장 주목받은 것은 트럼프 지지자들이 조사원에게 자신들의 투표선택 의향을 거짓으로 응답한 '샤이 트럼프' 현상이었다. 선거 기간 동안 트럼프 지지의 의향을 가진 유권자들이 전화 면접 조사원에게 자신의 의향을 '미결정' 혹은 '다른 후보 지지'로 거짓 응답하였다는 것이다.

2016년 미 대선에서 나타난 '샤이 트럼프' 현상은 PC 운동의 압력과 밀접히 연관된다. 반이민적 태도나 성 추문으로 분란을 일으킨 트럼프의 언행이 온건한 트럼프 지지자들로 하여금 그에 대한 지지를 조사원에게 드러내는 것을 불편하게 만들었다(Shepard 2016). 따라서 실제로 트럼프를 선택할 일부 유권자들의 부정확한 대답이 여론 조사의 체계적 오류로 이어졌다는 것이다. 실제로 트럼프는 PC 압박에 반감을 갖는 유권자가 상당수 있음을 간파하고, PC 이슈에 정면으로 도전함으로써 그들의 지지를 이끌어 내는 선거 전략을 구사하였다.

2) '브렉시트' 여론 조사

존속과 탈퇴에 대한 격렬한 캠페인 이후, 영국은 2016년 6월 23일의 국민 투표에서 EU 회원국 탈퇴를 결정하였다. 투표 결과는 탈퇴 52% 대 존속 48%였다. 영국인뿐만 아니라 세계는 이러한 예기치 못한 결과에 놀랐다. 국민 투표 이전에 실시된 다수의 여론 조사는 투표 결과에 반하는 예측을 하고 있었다. 당시 168건의 여론 조사 중 3분의 2가 EU 존속에 찬성하는 의견이 탈퇴에 찬성하는 의견보다 더 많은 것으로 예측하였고, 투표 전날에는 6건 중 2건의 조사만이 탈퇴 의견의 우세를 예상하였다(Financial Times 2016).

대부분의 영국 여론 조사가 브렉시트 국민 투표의 예측에 실패한 이유를 설명하는 데도 PC 가설이 유용하게 적용된다. EU 탈퇴 찬성이 이민자를 혐오하는 인종차별주의자로 낙인찍히는 사회적 압박 때문에 일부 유권자들이 조사에서 자신들의 진심을 드러내지 않은 결과였다는 것이다(Maddox 2016). EU 존속 캠페인을 통해 탈퇴 찬성자들이 인종차별주의자로 따돌림당하는 분위기가 조성되자, 이 이슈에서 보수적 태도를 가진 유권자들은 여론 조사에서 진솔한 답변을 피하게 되고 탈퇴 찬성의 여론은 축소·왜곡되었다는 것이다.

브렉시트에 대한 여론 조사에서 발견된 중요한 사실은 응답자가 느끼는 '정치적 올바름'에 대한 압박이 조사 방법에 따라 다르게 나타난다는 것이다. 브렉시트 외견 조사를 전화 면접으로 수행한 7개 기관의 조사 중 6개 기관의 조사에서 EU 존속의 의견이 탈퇴보다 우세한 데 반해, 온라인 조사에서는 EU 탈퇴 의견이 존속보다 더 많았다(Sayers 2016). 이는 '정치적 올바름'에 대한 심리적 압박이 익명성이 보장되는 온라인 조사보다 면접원에게 자신의 의향을 직접 말해야 하는 전화 조사에서 더 강하게 느껴진다는 것을 말해 준다. 이러한 조사 경험들은 전화 면접 조사가 가지는 편향의 심각성을 확인하고 온라인 조사가 확대되는 계기가 되었다.

3) 콜롬비아 '평화협정' 여론 조사

2016년 10월 2일 콜롬비아에서는 정부와 콜롬비아 무장혁명군 사이에 체결된 평화협정의 인준을 묻는 국민 투표가 실시되었다. 콜롬비아에서는 1964년 좌파 세력과 농민, 원주민 등이 무장혁명군을 조직하여 사회주의 혁명을 위한 게릴라 투쟁을 시작한 이후 무려 반세기 이상 내전이 끊이지 않았다. 혁명군과의 평화협정 체결은 2014년 집권한 좌파 성향 산토스(Juan Manuel Santos) 대통령의 제1공약이었고, 국제 사회도 그런 그에게 노벨평화상까지 안겨 주면서 내전 종식과 평화 정착에 힘을 실어 주는 상황이었다. 9월 26일 중남미 12개국 정상과 미국의 국무장관이 지켜보는 가운데 산토스 대통령과 혁명군 지도자 론도뇨(Rondrigo Londoño)는 내전에 사용된 총알의 탄피를 녹여 만든 펜으로 협정문에 서명을 했다.

평화협정 찬성의 분위기가 여론을 주도했다. 국민 투표 2주 전에 실시된 모든 여론 조사에서 찬성이 응답자의 3분의 2를 차지했다. 인베이머 갤럽 콜롬비아(Invamer-Galluo Colombia)의 조사 결과는 찬성 67.6% 대 반대 32.4%, 입소스 나폴레옹 프랑코(Ipsos Napoleon Franco)는 찬성 66% 대 반대 34%, 그리고 시프라 엔 콘셉토스(Cifras & Conceptos)는 찬성 62% 대 반대 38%였다. 그러나 실제 국민 투표의 결과는 찬성 49.8% 대 반대 50.2%로 나타났다. 사전 여론 조사와는 달리 0.4%p 차이로 평화협정이 부결된 것이다.

세계는 놀랐고, 왜 이런 결과가 나왔는지에 대한 의견도 분분했다. 국민 투표가 평화협정이 아닌 정권 찬반 투표로 변질되어 나타난 결과라는 설명도 있었다. 국민 투표가 대통령과 그의 정책 전반에 대한 지지를 묻는 투표로 의미가 변질되면서, 낮은 대통령 지지율이 협정 반대의 국민 투표 결과를 낳았다는 것이다. 그러나 이는 대통령을 반대하는 여론이 왜 사전 여론 조사에는 반영되지 않았는지를 설명하지 못한다. 여론 조사 전문가들 사이에서는 '예-아니오' 설문에서 부정적인 느낌을 주는 '아니오'보다 '예'를 선택하는 경향이 높았기 때문에 사전 조사에서 찬성 비율이 높았다는 주장이 있다. 그렇다면 실제 투표에서는 왜 여론 조사보다 '아니오'를 훨씬 더 많이 선택했는가? 조사에서 응답자의 '예' 선택에는 PC 효과가 크게 작용했다는 설명이 설득력이 높다. 내전 종식이라는 바람직성이 사회적으로 지배적인 상황에서 협정 반대의 의견을 조사원에게 들키고 싶지 않은 응답자의 태도가 진심과는 달리 평화협정 찬성을 선택하게 하였다는 것이다.

4. 한국에서 나타나는 PC 편향

  '정치적 올바름'의 편향이 '사회적 바람직함'과 다른 점은 전자의 규범적 압박이 정치적 헤게모니의 성격을 띠고 있다는 것이다. 후자는 마약 사용, 흡연, 투표, 수입과 같은 민감한 질문에 대한 응답이 과장되거나 축소되는 효과다. 따라서 이들 질문에서 오는 규범적 압박은 응답자의 이념 정향과 무관한 경우가 많다. 반면에 응답자에 대한 '정치적 올바름'의 압박은 진보 진영의 평등주의적 가치 추구와 연관되어 있다. 따라서 PC 편향은 이슈나 정치인 지지에 대한 보수적 응답의 과소 표출로 나타난다. 이렇듯 PC의 헤게모니적 성격에 주목하면, 이 현상이 반드시 인종차별 및 성차별 이슈에 국한하여 나타난다고 볼 수만은 없다. 즉 광의의 '정치적 올바름' 편향은 장기적이든, 일시적이든 진보 진영이 여타의 정치적 이슈와 관련하여 헤게모니를 얻었을 때, 정치 여론 조사에서 해당 이슈와 정치인 지지에 대한 보수적 응답이 축소되는 현상을 가리킨다고 볼 수 있다. 여론 분석에서 자주 언급되는 '샤이 보수'가 그 같은 현상이다. 이러한 맥락에서 이 절은 한국에서 나타나는 PC 편향을 추적한다.

1) 협의의 PC 편향 부재

한국에서 협의의 PC 현상, 즉 차별 이슈를 둘러싸고 보수층의 표심이 축소되는 현상은 지금까지 나타나지 않는 것 같다. 서구 사회와 달리, 한국에서는 인종차별 및 성차별 이슈가 정치 갈등의 중심에 있지 않기 때문이다. 그러나 서강대 현대정치연구소의 자체 조사에 따르면, PC 이슈에 해당하는 난민 수용과 남녀평등에 대한 태도를 묻는 질문에서 응답자의 진심 은폐 경향이 엿보인다. 〈표 5-1〉에서 볼 수 있듯이 '우리도 난민을 받아들여야 한다'는 생각에 대한 부정적 의견은 전화 면접 조사에서 52.2%였으나, 웹 조사에서는 62.4%로 나타났다. '여성 평등을 위해 남성 역차별이 불가피하다'는 의견도 반대가 웹 조사(77.4%)보다 전화 조사(62.0%)에서 15.4%p나 적게 나왔다.

〈표 5-1〉 난민과 젠더 이슈 태도에 대한 세 종류의 조사 간 비교

	우리도 가난이나 전쟁으로 인한 난민을 받아들여야 한다		여성평등을 위해 남성 역차별은 불가피하다		39세 이하 응답자 비율
	찬성	반대	찬성	반대	
전화(474)	42.7	52.2	33.8	62.0	26.9%
웹(468)	37.6	62.4	22.6	77.4	45.1%

출처: 서강대 현대정치연구소 2021년 9월 조사

웹 조사 응답자가 전화 조사 응답자보다 훨씬 젊었음에도 불구하고, 두 PC 이슈에 대한 보수적 태도는 웹 조사가 전화 조사보다 더 많이 나온 것이다. 이는 조사원이 있는 전화 면접에서 PC 이슈에 대한 보수적 견해가 은폐되고 있음을 말해 준다.

그러나 〈표 5-2〉에서 알 수 있는 것처럼, 같은 조사에서 정치 성향을 질문한 결과는 정당 선호나 대통령 국정 수행 평가, 그리고 대선 후보의 지지와 관련하여 조사 방식 간 차이는 크게 나타나지 않는다. 이는 난민과 젠더에 대한 응답자의 의식이 정치적 선택으로 이어지지 않고 있음을 말해 준다. PC 이슈가 정치적으로 현저한 위치를 차지하지 못하고 있는 것이다.

〈표 5-2〉 두 방식의 조사에서 나타난 응답자의 정치 성향

		전화 면접(473)	웹(468)
정당 선호	더불어민주당	31.3	32.5
	국민의힘	26.4	22.4
문재인 대통령 평가	잘함	44.6	40.8
	못함	55.4	59.2
후보 지지	이재명	30.0	32.1
	윤석열	26.2	27.8

출처: 서강대 현대정치연구소 2021년 9월 조사

주목할 만한 점은 최근에 주요 정당이 젠더 갈등을 선거에 동원하기 시작하였다는 것이다. 2022년 대선에서 이준석 국민의힘 대표는 소위 '이대남'을 겨냥하여 '남성 역차별'을 주장하였고, 윤석열 후보는 '여성부 폐지'를 전면에 내세웠다. 이에 대해 더불어민주당은 '젠

더 갈라치기', '성평등의 퇴행' 등으로 맞서면서 젊은 여성들의 결집을 기대하였다. 이러한 동원의 직접적 영향인지는 확실치 않지만, 선거 결과는 2030 연령대를 중심으로 투표 선택의 성차가 나타났다. 한국에서도 PC 규범에 대한 반감이 존재하고, 보수 정치인이 이를 동원하기 시작하였다는 것이다. 그러나 젠더 갈등의 정치적 영향은 특정 연령대에 국한해서 부분적으로 나타나고 있을 뿐이다. 연령과 관계없이 이들 이슈와 연결된 보수층의 정당 지지와 조사에서의 지지 은폐 현상은 아직 나타나고 있지 않다는 것이다.

2) '정치 부패'와 관련한 PC 현상

그러나 한국에서도 광의의 PC 현상이 나타날 개연성은 존재한다. 이 현상은 민주주의 혹은 정치부패의 이슈와 관련된다. 보수 진영이 정권 차원의 부정부패, 헌정질서의 훼손 같은 사건에 휘말리면서 정치적 헤게모니를 잃었을 때, 여론 조사에서 보수 정당과 정치인에 대한 지지가 축소되는 경향이 나타날 수 있다. 이러한 상황에서 보수 성향의 응답자들이 자신의 진심을 숨기려 하기 때문이다.

권위주의 통치하에서 만연한 정치 부패를 경험한 한국은 '깨끗한 정부'가 민주화 이후 우선적인 개혁 과제였다. 그러나 한국의 보수 정당은 '차떼기 정당'이라는 오명을 듣는가 하면, 이명박 전 대통령의 'BBK', 박근혜 전 대통령의 '국정 농단' 사건 등 굵직한 비리 스캔들의 중심에 있었다. 도덕성에 있어서 보수 정당은 진보 정당에 뒤처져 왔고, 진보 정당은 기회가 있을 때마다 보수 정치 세력의 부정부패를 공격함으로써 지지 극대화를 시도해 왔다.

그러나 여기서 말하는 조사에서의 거짓 응답 경향은 정부나 정치인의 일상적인 부패함에서 나타나지 않는다. 적어도 정부 차원의 '부정비리'나 '민주주의 퇴행'과 같은 스캔들이 벌어지고, 일시적이라도 정치적 헤게모니를 잃을 때, '정치적 올바름'과 같은 규범적 압박이 작용할 것이다. 보수 성향의 유권자들은 도덕성이 앞세워지는 국민적 분위기에서 보수 정부와 정당에 대한 지지를 부끄럽게 여기게 되고, 조사원이 주도하는 전화 면접에서 자신들의 진심을 드러내지 않게 된다는 것이다.

이렇게 보면 한국의 PC 현상은 박근혜 전 대통령의 국정농단 사태 이후 두드러지게 나타날 것으로 추정된다. 이 사건은 보수 정부의 대통령이 부정비리와 국정농단 의혹의 중심에 있었기 때문이다. 국민적 공분이 대통령 탄핵과 집권당의 분열로 이어지는 상황에서, 중도적이거나 온건한 보수 성향 유권자들이 보수 정당의 후보를 떳떳하게 지지하지 못했을 것이다. 탄핵된 대통령의 정치 세력을 지지하는 것에 대한 거리낌을 가지게 되고, 이러한 압박은 여론 조사에서 보수 표심의 축소로 이어질 것이다. 이러한 가설이 맞다면, 박근혜 전 대통령의 탄핵으로 집권한 문재인 정부하에서 실시된 전화 면접 조사에서 보수층 지지의 축소가 나타나야 한다. 이는 조사원이 없는 ARS 조사에서의 보수층 지지와 비교함으로써 확인할 수 있을 것이다.

〈그림 5-1, 5-2〉는 문재인 정부 기간 동안, 갤럽과 리얼미터의 격 3개월 1주차 조사에서 나타난 더불어민주당과 국민의힘 지지도를 보여 주고 있다. 더불어민주당 지지도는 전화 면접 방식의 갤럽 조사와

ARS 방식의 리얼미터 조사 사이에 큰 차이를 보이지 않는다. 진보 정당에 대한 지지는 조사원 유무와 관계없이 유사하게 나타난 것이다. 그러나 국민의힘 지지도는 두 조사 사이에 뚜렷한 차이를 지속적으로 보이고 있다. 두 조사 간에 평균 격차는 8.2%p로 나타났다. 이러한 조사 결과에 대해 언론매체에 자주 등장하는 설명은 전화 면접 조

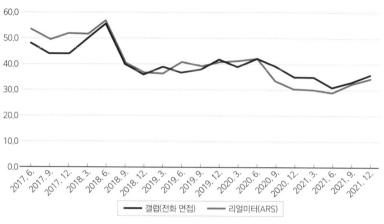

〈그림 5-1〉 문재인 정부 기간 동안의 더불어민주당 지지도

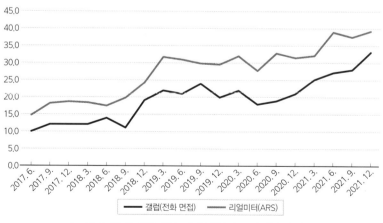

〈그림 5-2〉 문재인 정부 기간 동안의 국민의힘 지지도

사보다 ARS 조사에 보수층이 더 많이 참여하기 때문이라는 것이다. 그러나 이러한 해석은 왜 전화 면접 응답자보다 ARS 응답자가 더 보수적으로 나타나는지를 설명하지 못한다. ARS 응답자에 정치 고관여층이 많다는 설명도 이 현상을 설명해 주지 못한다. 정치 고관여층 가설이 맞으려면, 더불어민주당 지지도에서도 ARS 조사의 수치가 전화 면접 조사의 수치보다 높아야 하기 때문이다. 이 현상의 설명에는 PC 가설이 더 적실한 것 같다. 조사원이 있는 갤럽 조사에서 보수 성향의 응답자들이 국민의힘에 대한 지지를 밝히지 않으려고 '정당 없음'을 선택하여 자신들의 진심을 은폐하기 때문에, 국민의힘 지지도가 조사원이 없는 ARS 조사보다 낮게 나온다는 것이다.

그렇다면, 보수층이 진심을 숨기는 '샤이 보수' 현상은 항상적인가? 정치 상황에 따라 '샤이 진보'라는 반대의 현상도 생긴다는 주장도 있을 수 있다. '조국 사태'와 같이 '내로남불'의 불공정함이 여론의 질타를 받는 상황에서 온건한 진보 성향 유권자들도 더불어민주당과 그 후보에 대한 지지를 은폐하려는 경향이 생길 수 있다는 것이다. 그러나 지금까지 측정의 오류로 떠올릴 만큼 '샤이 진보' 현상은 나타나지 않는 것 같다. '내로남불'은 일부 정치인의 일탈로 치부되었고, 문재인 대통령의 지지도는 임기 종료 직전까지 40%대를 유지했기 때문에 진보층이 조사에서 더불어민주당의 후보에 대한 지지를 은폐할 만큼 부끄러움을 느끼지는 않았다고 볼 수 있다.

여기서는 2012년부터 2022년까지 실시된 대통령 선거와 국회의원 선거의, 사전 여론 조사와 실제 선거 결과에서 나타난 양대 정당 후보의 득표율을 비교함으로써 한국에서 '샤이 보수' 현상이 항상 존재하였는지를 알아보고자 한다. 진보 후보에 대한 지지의 축소가 전화 면접과 ARS 조사 사이에 차이를 보이지 않는 반면, 보수 후보에 대한 지지가 ARS 조사보다 전화 면접에서 뚜렷이 작게 나타난다면 보수층의 진심 은폐가 존재한다고 볼 수 있다. 부도덕하게 인식된 정치진영에 대한 지지에 부끄러움을 느끼는 보수 성향 유권자들이 ARS보다 익명성이 덜 보장된다고 느끼는 전화 면접에서 자신의 의향을 숨기는 경향의 증거로 볼 수 있기 때문이다.

〈표 5-3〉 선거 직전 여론 조사와 실제 선거 결과

	2012년 대선		
	조사 일시	박근혜	문재인
갤럽	12.12	46.3	40.3
리얼미터	12.13	48.0	47.5
선거결과	12.19	51.6	48.0
	2016년 국선		
	조사 일시	새누리당	더불어민주당
갤럽	4.12	35	26
리얼미터	4.06	34.3	27.2
선거결과	4.13	38.3	37.0
	2017년 대선		
	조사 일시	홍준표	문재인
갤럽	5.8	12	40
리얼미터	5.1	18.6	42.4
선거결과	5.9	24.0	41.1
	2018년 지선		
	조사 일시	보수 정당	더불어민주당
갤럽	5월 31일	16	53

리얼미터	6월 5일	26.3	52.8
선거결과	6월 13일	31.1	56.1
	2020년 국선		
	조사 일시	미래통합당	더불어민주당
갤럽	4.14	25	41
리얼미터	4.09	33.1	46.3
선거결과	4.15	41.5	49.9
	2022년 대선		
	조사 일시	윤석열	이재명
갤럽	3월 2일	40.6	39.2
리얼미터	3월 1일	46.3	43.1
선거결과	3월 9일	48.6	47.8

〈표 5-3〉에서 알 수 있는 것처럼, 박근혜 탄핵 이후 3차례 선거에서 '샤이 보수' 현상은 뚜렷이 나타나고 있다. 2017년 대선 직전 갤럽과 리얼미터의 조사에서 자유한국당 홍준표 후보의 지지율은 각각 12%와 18.6%로 나왔다. 그러나 실제 선거 결과에서 홍준표 후보의 득표율은 24%로 앞의 두 조사에서 나온 지지율보다 훨씬 높았다. 특히 전화 면접인 갤럽 조사에서의 홍준표 후보 지지율은 실제 득표율보다 12%p 만큼 낮은 데 반해, ARS 방식인 리얼미터 조사의 홍준표 후보 지지율은 실제 결과보다 5.6%p 낮았다. 리얼미터 조사의 홍준표 후보 지지율이 갤럽보다 높은 것은 전화 면접보다 ARS 방식의 조사에 정치 관심층이 더 많이 참여하기 때문이라는 설명이 가능하다. 그러나 문재인 후보의 지지율은 갤럽과 리얼미터 조사에서 각각 40%와 42.4%로 나타나 실제 선거 결과(41.1%)와 크게 다르지 않았다. 진보 성향 후보에 대한 지지가 조사 방식과 관계없이 비슷하고 선

거 결과와도 큰 차이가 없는 데 반해, 보수 성향 후보에 대한 지지율이 실제 득표율보다 낮고 조사 방식에 따라 차이가 많이 나는 것은 '샤이 보수'의 경향이 존재한다는 증거로 볼 수 있다. 특히 실제 득표율과의 차이가 ARS보다 전화 면접에서 더 크게 나타난 사실에서 익명성을 덜 느끼게 되는 조사에서 보수층이 박근혜 대통령 탄핵으로 도덕성이 크게 훼손된 정당의 후보에 대한 선택을 더 감추려 한다고 추정할 수 있다.

2018년 지방선거의 사전 조사와 실세 선거 결과와의 차이노 2017년 대선 당시와 유사한 양상을 보인다. 광역단체장으로 더불어민주당 후보를 선택하겠다는 선거 전 지지 의향은 갤럽과 리얼미터가 각각 53%와 52.8%로 비슷하게 나타났고, 실제 득표율 56.1%보다 약간 낮은 정도였다. 그러나 분열된 두 보수 정당의 후보를 선택하겠다는 의사는 갤럽과 리얼미터의 사전 조사에서 각각 25%와 33.1%로 나타났고, 실제 두 보수 정당의 득표율 41.5%보다 훨씬 적었다. 특히, 전화 면접인 갤럽 조사의 보수 정당 후보 지지율과 실제 득표율과의 격차(16.5%p)는 ARS 방식인 리얼미터 조사의 지지율과 실제 득표율 차이(8.4%p)보다 훨씬 컸다. 2018년 지방선거에서도 '샤이 보수' 경향이 있었다고 볼 수 있다.

두 조사 기관의 2020년 총선 직전 여론 조사에서 나타난 양대 정당의 지역구 지지율 또한 실제 득표율보다 낮았다. 그러나 여론 조사에서 나타난 미래통합당 지지율과 실제 득표율과의 격차는 더불어민주당의 그것보다 크다. 더불어민주당의 득표율과 갤럽과 리얼미터 선거전 조사와의 차이는 각각 7.9%p와 3.6%p이고, 미래통합당의 경우는 16.5%p와 12.5%p였다. 보수 정당에 대한 투표 의향과 실제 득표율 격차가 진보 정당보다 크다는 것은 2020년 총선에서도 '샤이 보수' 경향이 있었음을 의미한다. 또한 그 격차가 ARS에서보다 전화 면접에서 더 크다는 것은 전화 면접에서 보수층의 거짓 응답이 더 많았기 때문인 것으로 추정할 수 있다.

그러나 보수 세력의 도덕적 문제가 특별히 선거 이슈를 지배하지 않았던 2012년 대선에서는 보수 후보에 대한 지지가 조사에서 은폐되는 경향은 크게 나타나지 않았다(〈표 5-3〉 참조). 갤럽과 리얼미터 조사에서 박근혜 후보 지지율은 각각 46.3%와 48.0%로, 조사 방식과 관계없이 실제 득표율 51.6%와 큰 차이를 보이지 않았다. 오히려 갤럽 조사에서 나타난 문재인 후보의 지지율과 선거 결과의 격차가 7.7%p로 리얼미터의 0.5% 차이보다 훨씬 컸다.

2016년 국회의원 선거에서는 보수 정당 후보에 대한 사전 지지율과 실제 지역구 득표율의 차이가 거의 없는 데 반해, 진보 정당 후보에 대한 사전 지지율은 실제 지역구 득표율보다 낮게 나타났다. 그러나 갤럽과 리얼미터 조사의 더불어민주당 후보에 대한 지지율 차이는 거의 없었다는 점에서 '샤이 진보'의 현상으로 보이지 않는다. 두 조사가 모두 더불어민주당 후보에 대한 지지율 예측에 오류를 범한 이유는 선거 직전 조사들이 선거 운동 후반에 벌어진 새누리당의 극심한 분열로 인해 야당을 향한 부동층의 막판 쏠림을 포착하지 못했기 때문이다.

2022년 대선에서도 '샤이 보수' 현상은 뚜렷하지 않다. 보수 정당의 윤석열 후보 지지율은 갤럽 조사에서 40.6%, 리얼미터 조사에서

46.3%로 나타났고, 실제 득표율은 48.6%로 나왔다. 보수 후보의 실제 지지율과 전화 면접에서 나타난 지지율 격차(8%p)가 ARS 조사에서 나타난 지지율 차이(2.6%p)보다 크게 나타났지만, 진보 정당의 후보인 이재명의 실제 득표율과 갤럽 조사에서 나타난 지지율 격차(8.6%p)도 리얼미터의 지지율 차이(4.7%)보다 컸다.

한국에서 PC 현상은 도덕적으로 수세에 몰린 보수 진영이 정치적 헤게모니를 잃은 상황에서 현저하게 나타난다. 다수의 여론이 보수 정권의 부도덕함을 인정하는 상황에서 보수 성향 유권자들은 전화 면접 조사에서 자신의 의견을 은폐하는 경향이 강해진다는 것이다. 이념 성향과 연관된 PC 편향이 심각한 이유는 성별·연령·지역별 인구 비례에 따른 가중치 보정 방법으로도 문제가 해결되지 않기 때문이다. 가중치 보정에 이념과 같은 정치 성향을 포함시키지 않는 이상, PC 효과는 정치적 분위기가 조성되면 언제든 나타날 수 있을 것이다.

이 문제를 해결하기 위해서는 조사 방법의 변화가 요구된다. 응답자의 자기기만으로 인한 편향을 줄이기 위해서는 ARS 조사가 전화 조사보다 더 나은 방식일지 모른다. 그러나 ARS는 표본의 대표성을 훼손시키는 낮은 협조율의 문제를 안고 있다. 온라인, 웹 조사와 같이 안정적인 환경에서 응답자의 진솔한 답변을 보장하는 새로운 조사 방식의 도입이 심각하게 고려되는 이유다.

제6장

설문 조사의 새로운 추세

지금까지 우리는 협조율의 지속적인 감소와 더불어 부적절한 설문의 사용, 사회적 압박에 굴복하는 응답자의 거짓 진술로 인해, 여론 조사의 측정 오류가 눈에 띄게 증가하고 있는 현실을 살펴보았다. 조사 기관들은 전화 면접 중심의 기존 여론 조사가 한계에 봉착하고 있음을 절감하고, 조사 방법의 혁신을 모색해 왔다. 그 결과 패널 기반의 웹 조사*라는 조사 방법상의 주목할 만한 변화가 나타나고 있다. 이 장은 지난 10년간 전화 면접의 대안으로 부상하여 정치 여론 조사의 새로운 트렌드가 되고 있는 웹 조사에 대한 통찰과 이해를 제공하고자 한다.

---

* 웹 조사란 월드와이드웹(World Wide Web)을 통해 등록된 설문지에 응답자가 응답함으로써 데이터를 수집하는 조사의 유형을 말한다. 웹 조사, 인터넷 조사, 온라인 조사라는 용어가 거의 같은 의미로 사용되고 있지만, 개념적으로는 온라인 조사가 인터넷 이외의 다른 ICT 네트워크를 활용할 가능성이 있는 만큼 인터넷 조사의 상위 개념이고, 인터넷 조사는 설문지를 첨부 파일로 보내던 초기 이메일 조사를 포함하기 때문에 웹 조사보다 상위 개념이다(한국조사연구학회, 2021). 여기서는 웹 조사가 온라인 조사의 대세를 이루고 있기 때문에 웹 조사라는 용어를 주로 사용하되, 맥락에 따라서 인터넷 조사 혹은 온라인 조사라는 용어를 병용한다.

1. 조사 방식의 변화

　가장 오래된 설문 조사 방식은 직접 면접과 우편 설문 조사다. 우편 설문은 우편봉투에 설문지와 반송 봉투를 넣어 응답자에게 발송하고 회신을 받는 방식으로 전국 단위 조사처럼 직접 모든 응답자를 접촉하기 어려운 경우에 이용되어 왔다. 40년 전까지만 해도 우편 조사가 가장 보편적인 조사 방식이었다. 1981년 미국 정부가 실시한 조사 중 69%가 우편 방식이었고 2.2%가 전화 설문 그리고 9.4%가 직접 면접 방식이었을 만큼 우편 조사가 일반적이었다. 그러나 1990년대에 들어서 점차 컴퓨터 기반의 전화 조사 기법이 가능해지면서 우편 방식 조사는 줄어들고 전화 조사 방식이 일반화되기 시작하였다. 전화 조사 방식은 조사 기간이 짧고 우편 조사의 낮은 응답률 문제를 상당히 극복할 수 있다는 점에서 장점이 인정되었다.

　현재 대부분의 전화 면접 조사는 휴대폰을 이용하지만, 초기 전화 조사는 대부분의 가정이 유선 전화를 보유하게 된 상황에 이르면서 응답자와 접촉할 수 있는 손쉬운 방식이 되었다. 전화 면접 조사는 조사원이 설문을 진행하므로 상황 통제가 가능하다는 것이 우편 조사에 비해 큰 장점이다. 응답자가 설문을 제대로 이해하지 못하는 경우 추가 설명이 가능하며 조사자가 직접 설문을 진행하기 때문에 응답자의 진지한 태도를 기대할 수 있다. 더욱이 우편 조사에 비해 짧은 기간 내에 응답 데이터를 완성할 수 있다는 것도 전화 면접 조사의 유리한 점이다.

이러한 전화 조사의 장점에도 불구하고 전화 조사 협조율이 급격히 하락하고 있는 추세 속에서 대안으로 제시되는 방식이 웹 조사 혹은 온라인 조사 방식이다. 웹 조사는 인터넷을 통해 설문지를 발송하고 응답자들은 이메일이나 SNS 등을 통해 답변을 하고 그 자료는 웹 기반 데이터베이스에 기록되는 방식으로 이루어진다. 웹 조사는 비용이 저렴하고 빠른 조사가 가능하다는 점이 큰 장점이다. 이메일, 문자, 애플리케이션을 통해 조사를 요청하면 응답자들 역시 전화 면접 조사와 같은 오프라인 조사보다 신속하게 그리고 때로는 응답자가 원하는 시간과 장소에서 조사에 협조할 수 있다. 또한 조사가 자기 운영 방식(self-administrated mode)이기 때문에 조사원의 개인적 차이에 의해 발생하는 비표본 오차를 크게 줄일 수 있고, 전화 면접에서 크게 나타나는 '사회적 바람직함' 혹은 '정치적 올바름'의 효과를 제거할 수 있다.

한국조사연구학회의 보고서(2021)에 따르면 2020년 현재 세계적으로 마케팅 조사에서의 웹 조사 점유율은 61%로 전화 조사(19%)와 대면 면접 조사(12%)를 압도하고 있고, 한국의 경우에도 웹 조사가 차지하는 비율은 43%로 대면 면접 조사(40%)와 전화 조사(16%)를 상회한다. 선거 여론 조사의 경우 2021년 이후 미국에서 진행된 815건의 선거 여론 조사 중 89%가 웹 단독 혹은 웹을 혼합한 조사였고, 영국의 경우 2019년에서 2021년까지 진행된 424건의 선거여론 조사 중 97%가 인터넷 조사였고 전화 조사는 3%에 불과했다.[*]

그러나 웹 조사의 가장 큰 문제는 국민 전체를 모집단으로 하는 조사의 표집틀, 즉 인터넷 주소 목록을 가질 수 없다는 점이다. 전화 면접 조사의 경우 무작위표본추출 원칙을 따르기 위해 RDD 방식을 사용하거나, 한국 선거 여론 조사의 경우 안심번호를 사용한다. 반면에 웹 조사는 여론 조사 기관이 관리하는 패널을 사용하는 경우가 대부분이다. 다수의 여론 조사 회사들은 회사에서 수행하는 각종 조사에 자발적으로 참여할 의사가 있는 사람들을 회원으로 등록시키고 있다. 이처럼 웹 패널에 포함된 사람들은 조사 기관이 직접 응답자들을 모집하거나 다양한 웹 사이트에 광고를 통해 충원한다.

이러한 방식으로 표본대상을 충원하는 것은 무작위표본 방식에 따른 확률표본추출과는 거리가 멀다. 즉 자발적으로 참여한 사람들로 구성된 웹 패널은 모집단을 어떻게 규정하든지 전 국민 대상의 조사에 대표성을 가질 수 없다. 이러한 문제를 해결하기 위해 조사 기관들은 보유한 전체 샘플집단에서 무작위 추출로 패널을 구성하거나 인

---

[*] 미국과 영국에서 온라인 조사가 이렇게 많은 비중을 차지하는 데는 휴대전화를 이용한 설문 조사에서 기계를 이용한 전화걸기(ARS)를 금지하는 제도의 요인도 있다. 휴대전화를 이용한 ARS 사용이 허용되기 때문인지, 한국의 선거 여론 조사에서 웹 조사의 사용은 아직 미미하다(2021년 8월 기준 0.4%).

구통계에 따라 할당치를 주는 방식으로 최종 표본을 추출한다. 그러나 어떤 시도를 하더라도 웹 조사는 자발적 참여자로 패널을 구성하기 때문에 확률표본추출에 기반한 조사와는 거리가 있다. 그렇다면 웹 조사는 어떻게 정당화될 수 있는가? 이 장에서는 이 물음에 대한 해답을 구하고자 한다.

2. 변화의 특성

 인터넷 조사가 지니는 가장 핵심적인 변화는 협조할 의사가 있다고 밝힌 사람들로 구성된 패널에서 표본을 추출한다는 점이다. 퓨 리서치, 유고브, 입소스와 같이 정치 여론 조사로 잘 알려진 조사 기관의 인터넷 조사 표집 과정을 보면 공통적으로 조사에 필요한 표본 크기의 수십 혹은 수백 배에 달하는 패널 예비군 중 협조 요청에 동의한 사람들로 패널을 구성한다. 이것이 무작위 표본추출을 원칙으로 하는 기존의 여론 조사와 다른 점이다. 무작위 표본추출에서는 표집틀 구성원 모두가 뽑힐 가능성이 동일해야 하기 때문에 구성원들의 자발적 참여를 배제한다. 그러나 인터넷 조사는 협조 요청에 동의한 사람들로 표본을 구성한다. 따라서 패널 기반의 인터넷 조사는 무작위 표본추출의 원칙에서 벗어나 있다고 볼 수 있다.
 인터넷 조사가 패널을 통해 표본을 추출하는 이유는 무작위 표본추출을 할 수 있는 국민(모집단)의 인터넷 주소 목록이 없기 때문이다. 모집단의 인터넷 주소목록에서 무작위로 표본을 추출할 수 없는 조건에서 인터넷 접속자들의 자발적 선택에 의한 조사는 여러 편향 요인에 의해 모집단을 대표할 수 없다. 때문에 조사 기관들은 가능한 한 대표성을 높일 수 있는 노력을 통해 패널을 구성하고 이러한 패널로부터 표본을 추출한다.

인터넷 조사가 패널을 구성하는 방식은 크게 두 가지로 나누어진다. 하나는 퓨 리서치나 입소스 등이 사용하는 방식으로 '확률 기반 패널(probability panel)'이라고 불린다. 이 방식은 우편, 전화, 면대면 조사에 접촉되는 사람들이나 혹은 우편 주소 목록으로부터 패널 예비군을 무작위로 추출하고, 이들에게 편지나 전화로 웹 조사의 참여를 요청하고 이에 동의하는 사람들로 패널을 구성한다.* 조사 기관들은 패널 등록이나 설문 참여를 유도하기 위해 경제적 보상을 제공하기도 한다. 다른 하나는 인터넷 사용자가 패널 참여를 자발적으로 선택하는 옵트인(Opt-in) 방식의 패널 구성이다. 조사 회사는 웹사이트의 배너 광고를 통해 자발적으로 조사에 참여하도록 사람들을 초대하거나, 플랫폼 회사로부터 구매한 수많은 이메일 주소로 초대장을 보낸다. 참여를 선택한 사람들은 인터넷 조사 패널에 등록하고, 이후에 설문지를 작성하도록 초대된다. 이 방식의 패널은 잠재적 패

---

* 패널을 구분 짓는 '확률 기반'이라는 용어는 자칫 인터넷 조사 자체가 확률에 기반하는 것으로 오해를 가져올 수 있다. 그러나 여기서 '확률 기반'이라 함은 잠재적 패널 구성원을 무작위 추출로 선정한다는 의미다. 이렇게 선정된 사람 중 협조 요청에 응하는 사람들로 패널이 구성되고 관리되기 때문에 거기에서 추출된 표본은 모집단에 준하는 표집틀에서 무작위로 추출된 표본과는 다르다.

널 참여자들이 모집단으로부터 확률적으로 표집되지 않기 때문에 비확률 패널(non-probability panel)이라고 불린다.

　어떤 방식의 인터넷 조사든 국민의 태도와 의견을 묻는 전국 조사는 표본의 대표성을 확보하기 위해 성별·연령·인종·교육·거주지 등의 일차적 인구통계 및 결혼 여부·고용 여부·수입 등 이차적 인구통계에 따라 최종 표본을 표집한다(post-stratification sampling). 확률 패널의 구성원에는 인터넷이 없거나 인터넷에 익숙하지 않은 사람들도 포함될 수 있다. 조사 기관들은 이들에게 인터넷 설치나 필요한 기술을 제공한다. 이들은 보통 한 달에 1~2회의 조사에 협조하게 되는데, 조사 기관은 이들로부터 성실하고 진실한 응답을 얻기 위해 응답을 관찰하고 패널을 주기적으로 갱신하는 등 지속적인 관리를 한다. 이런 점에서 인터넷 조사의 표본을 기존 여론 조사의 '무작위 표본'과 대비하여 '책임 있는 표본(responsible sample)'이라고 정의할 수 있다.

〈표 6-1〉 주요 인터넷조사 기관의 패널 구성 및 관리 양태

조사 기관	패널 예비군	패널참여 요청	계약과 보상	패널 갱신	교육
퓨 리서치	무작위 추출	○	○	정기적	○
유고브	인터넷 사용자	○	×	수시로	×
입소스	무작위 추출	○	○	정기적	×

3. 변화의 배경

  '책임 있는 표본'이란 여론 조사에 협조할 의사가 있는 자들로만 구성된 표본으로서 국민 모두가 표본에 선택될 확률이 똑같은 무작위 표본과는 분명히 다르다. 인터넷 조사는 무작위 표본추출과 다르기 때문에 더 이상 무작위 표본의 추정치와 신뢰구간을 사용할 수 없다는 비판을 받을 수밖에 없다. 그러나 이에 대한 뼈 아픈 반론은 아마 설문 협조율이 10%인 상황에서 무작위 표본이 불가능하다는 사실일 것이다. 표본의 대표성을 의심할 수밖에 없을 만큼 협조율이 심각하게 낮아짐에 따라 인터넷 조사가 조사 방식의 대안으로 떠오르는 것이다.

  전화 면접은 조사 참여에 대한 도덕적 자부심이 귀찮음에 따른 비용 계산으로 바뀌면서 첫 번째 하락의 파고를 경험하고(Singer and Presser 2008), 집 전화에 의존하던 조사가 휴대전화 사용 증가에 따라 또 한 차례의 하락을 경험했다(Callegaro et al. 2006). 그러나 전화 면접의 협조율이 현재 수준으로 낮게 떨어진 결정적 계기는 휴대전화에 장착되는 발신자 표시 서비스의 사용이다(Brick et al. 2006). 휴대폰이 보편화되면서, 조사 기관은 자동 프로그램에 의한 무작위 전화걸기(RDD)로 표본을 추출해 왔다. 그러나 발신자 표시 없는 전화를 받지 않는 경향 때문에 협조율은 더 하락하고, 지난 10년 동안 10% 이하를 기록하게 되었다(〈그림 3-1〉 참조).* 이 책의 제3장 2절에서 알 수 있는 것처럼, 낮은 협조율은 협조자와 거부자 간 특성의 차이를 크게 만들어 조사의 신뢰도를 떨어뜨린다. 즉 무작위 표본은 허울만 무작위일 뿐 모집단에 대한 표본 대표성을 더 이상 확보하지 못하게 된 것이다.

다음으로 정치 여론 조사가 전화 조사에서 인터넷 조사로 이동하게 된 배경에는 '정치적 올바름'이 규범으로 작동하는 정치적 환경이 있다. 성과 인종 및 소수자를 동등하게 대우해야 한다는 '정치적 올바름'의 헤게모니적 현상이 확산되면서, 여론 조사에서 보수 성향 응답자들의 자기기만 경향이 두드러지게 나타난다. 이에 따라 대부분의

---

* 그러나 RDD 표본추출 방식은 지역을 특정할 수 없기 때문에 지역 단위의 지방자치단체나 지방선거를 조사할 때는 해당 지역에 거주하는 유권자의 번호를 따로 구분할 수 없는 한계를 지닌다. 이 때문에 한국에서는 가상번호(안심번호)를 활용한다. 여론 조사 기관들은 여심위를 통해 SK, KT, LGT 등의 각 통신사로부터 조사를 원하는 특정 지역에 거주하는 유권자들의 규모와 세대 비율에 따른 휴대전화 가상번호를 대량 구입한다. 이때 구입한 번호는 가상번호이므로 개인정보를 보호하면서 지역 단위 조사를 가능하게 한다는 점에서 RDD 방식보다 개선되었다고 볼 수 있다. 가상번호 제공자는 자신의 실제 전화번호가 외부에 노출되지 않으므로 개인정보가 보장된다. 그러나 가상번호를 활용한 전화 면접도 발신자 표시 없는 전화의 거부를 막을 수 없으며, 전화를 받아도 접촉 대상자는 개인정보 유출에 대한 의심과 함께 응답을 거부하는 경우가 많다.

선거 예측이 실제 선거 결과를 크게 빗나가는 사건이 곳곳에서 발생한다. 앞서 살펴본 2016년 미국 대선에서의 트럼프 승리, 영국의 브렉시트 국민 투표, 콜롬비아의 평화협정 국민 투표가 그 대표적인 사례다. 이 시기부터 선거 조사에서 웹 조사 비중이 눈에 띄게 늘어나는 것은 우연이 아니다. 응답자 스스로 운영하는 웹 조사가 면접원이 운영하는 전화 조사와 달리 '정치적 올바름'의 압박을 줄이기 때문에, 대안으로서의 가치를 더욱 인정받게 된 것이다.

인터넷 조사의 등장 배경에는 당연히 인터넷 기술의 발전이 놓여 있다. 인터넷을 통해 편지를 주고받을 수 있는 이메일 시스템이 발전하면서, 이메일 조사라는 새로운 조사 유형이 생겨났다. 웹의 등장은 조사자가 이메일과 SNS 등에 설문지가 담긴 웹사이트 주소 링크를 제공하고, 응답 정보를 서버에 바로 저장하여 신속한 분석을 가능하게 한다. 특히 카카오톡과 같은 메신저 서비스의 발달로 응답자는 휴대폰의 문자메시지로 설문 조사 링크를 받아 설문을 완성할 수 있게 된다.

인터넷 조사는 인터넷의 보편화라는 시대 변화에 미루어 볼 때 때늦은 감이 있다. 인터넷 조사가 정치 여론 조사의 방법으로 널리 활용될 수 없었던 것은 모집단인 국민의 인터넷 주소 목록이 부재하여, 확률표집의 원칙을 버리지 않는 한 모집단으로부터 무작위로 표본을 추출할 수 없기 때문이다. 때문에 대표성이 큰 문제가 되지 않는 시장 조사나 기업 조사에서는 일찍부터 인터넷 조사가 지배적인 조사 방법으로 자리 잡고 있다. 그러나 조사 기관들은 인터넷 조사를 곧 선거 여론 조사에까지 확장하게 된다. 무작위 표본 방식이 전화 면접의 낮은 협조율로 인해 더 이상 표본의 신뢰성을 보장할 수 없는 상황에 이르렀기 때문이다. 이러한 조건에서 조사 기관들은 패널의 대표성을 높일 수 있는 방법을 강구하면서 패널 기반 웹 조사 방식으로 선거 여론 조사를 수행하고 있는 것이다.

4. 웹 조사의 대표적 사례

여기서는 패널 구성 방식별로 대표적인 정치 여론 조사 기관의 웹 조사 방식을 구체적으로 살펴 본다. 사례는 확률 기반 패널 예비군으로 패널을 구성하는 퓨 리서치와 옵트인 방식으로 패널을 구성하는 유고브의 조사 방식이다.

1) 퓨 리서치(Pew Research)의 온라인 조사*

퓨 리서치는 온라인 조사를 위해, '미국 트렌드 패널(American Trends Panel: ATP)'이라는 패널을 구성한다. 이 패널은 무작위로 선

---

* 퓨 리서치의 온라인 조사 방법론은 퓨 리서치 센터 홈페이지에 나와 있는 'method'를 참조하였다(https://www.pewresear ch.org/our-methods/u-s-surveys/the-american-trends-panel/, 검색일: 2022.02.21).

정된 미국 성인 만 명 이상의 전국 패널이다. 패널의 잠재적 참여자는 미국 우정청(United States Postal Service)의 주소 목록에서 추출되며, 참여를 요청하는 우편을 통해 충원된다. 퓨 리서치의 패널은 주소 기반 표집틀에서 무작위 추출로 구성되기 때문에 '미국 트렌드 패널'을 확률 기반 패널이라 부른다.

2014년부터 시작된 퓨 리서치의 패널 충원은 몇 차례의 변화를 거친다. 처음 두 차례의 충원은 정치적 주제를 다루는 RDD 전화 조사의 말미에 잠재적 패널 구성원에게 참여를 요청하는 방식으로 이루어졌다. 다음에는 정치에 관심 있는 사람이 과대 대표된다는 우려 때문에 정치적 내용이 적은 더 짧은 RDD 전화 조사를 통해 패널을 충원하였다. 네 번째 충원부터 퓨 리서치는 전화 조사의 이용을 폐기하고, 미국 우편국의 주소 목록으로부터 선정되는 주소 기반의 패널로 옮겨 갔다. 우편 충원에서 편지는 온라인 조사 참여를 요청하는 초대글과 조사 수행 방법, 사전 보상으로서 2달러와 조사 완성 시 10달러 보상에 대한 약속을 포함한다.

인터넷 조사에서는 인터넷을 사용하지 않는 사람들을 충원하는 문제가 발생한다. 퓨 리서치의 자체 조사에 의하면 2018년 미국 인구의 11%가 인터넷을 사용하지 않으며, 이들은 인구학적으로 인터넷 사용자와 매우 다른 것으로 나타났다. 이들을 조사에 포함시키기 위해, 퓨 리서치는 우편으로 설문지를 보내고 회신받는 우편 조사를 실시하였다. 그러나 우편 조사가 온라인 조사에 비해 지니는 단점들로 인해 퓨 리서치는 인터넷 비사용자에게 태블릿 PC와 인터넷 접속 서비스를 제공함으로써 우편 패널을 웹 패널로 전환하였다. 이렇게 웹 패널에 포함된 이들은 현재 능동적 패널의 2%를 차지한다고 한다. 그럼에도 불구하고 여전히 인터넷 비사용자(65세 이상, 고졸, 유색인)의 과소 대표는 ATP의 과제로 남는다.

패널 구성원은 적어도 매월 한 번의 조사에 참여하고, 패널의 크기가 확대됨에 따라 하위 표본들이 만들어지면서 한 달에 1~2회의 조사를 수행하게 된다. 현재 ATP는 만 명 이상으로 구성되고 있는데, 하위 표본을 만듦으로써 조사는 더 많이 수행되고 동일한 개인들은 조사 요청을 너무 자주 받지는 않게 된다. ATP 구성원은 이메일과 문자메시지로 조사 요청을 받고 초대를 통해 조사에 접근할 수 있다. 2018년 패널 기준으로 조사의 53%가 스마트폰으로 진행되고, 39%가 PC 혹은 노트북, 8%는 태블릿 PC로 수행된다고 한다.

잦은 조사에도 불구하고 동일한 개인에게 큰 부담을 주지 않는다는 것 이외에도, 확장된 패널에서 하위 표본들을 만드는 것의 이점은 표본이 모집단을 더 잘 대표할 수 있도록 만드는 데에 있다. 대부분의 조사와 같이, ATP도 불비례적으로 특정 종류의 사람이 많이 차지하거나, 다른 종류의 사람을 적게 포함하는 문제가 있다. 퓨 리서치는 특정 집단을 더 많이 선정하거나 더 적게 표집하는 방법을 통해 표본의 편향을 최소화하려고 노력한다. 그렇게 하는 것이 과도한 가중값 부여를 피할 수 있는 더 크고 효과적인 표본을 생산하는 데에 도움이 된다는 것이다.

퓨 리서치의 온라인 조사는 우편 주소 목록으로부터 잠재적 패널 구성원을 무작위로 추출하여 패널을 구성하고, 이로부터 인구적 속성을 감안한 무작위 층화 표집으로 표본을 추출하기 때문에 확률 기반의 조사라는 점을 강조한다. 그러나 애초에 패널 구성이 참여 요청의 편지를 받은 사람들의 자발적 동의로 이루어진다는 점에서, 이로부터 선정된 표본 또한 모집단에 준하는 표집틀로부터 무작위로 "소환되는(be called)" 표본과는 다르다. 무작위 표본으로 볼 수 없는 퓨 리서치의 ATP에 대해서는 따라서 정치적·사회적 참여에 능동적인 사람들이 과대 대표된다는 우려가 항상적으로 존재한다. 그뿐만 아니라 ATP는 동일한 사람이 설문에 자주 참여하게 되면서 생기는 오염의 문제와 현금 보상에만 동기 부여된 협조로 인해 불성실한 응답의 문제를 완전히 해결하지 못하고 있다.

퓨 리서치는 패널 기반 온라인 조사의 이러한 표본 대표성 문제들을 개선하기 위해 최종적으로 선정될 표본의 성격을 이미 알려진 모집단의 속성에 일치시키는 가중치 설정에 세밀한 노력을 기울인다. 먼저 우편 기반 충원 조사의 표본(잠재적 패널 구성원)을 히스패닉과 아프리카계 미국인의 낮은 협조율을 상쇄하고, 젊은 층의 적절한 표본 크기를 보장하도록 설계하는 것이다. 다음으로는 표본을 모집단의 기준과 일치시키는 반복적 기술의 사용이다. 가중치 설정의 이 단계는 미국 공동체 조사(American Community Survey)에서 측정된 인구통계적 성격, 즉 성별·연령·교육·인종에 순위를 주는 것이다. 예를 들어 히스패닉 사이에 출생지(미국 대 기타 나라)를 조절하는 순위를 매김으로써 그들의 과소 대표를 수정한다.

퓨 리서치의 가중값 설정에서 주목해야 하는 것은 이들이 인구학적 속성뿐만 아니라 인터넷 사용 여부, 정당 소속감, 그리고 시민적·정치적 참여에도 가중값을 준다는 점이다. 정치 상황에 따라 약간씩 변하는 정당 소속감은 지난 세 번의 퓨 리서치 전화 조사의 평균에 맞추어 조정한다. 자발적 동의로 구성된 패널에 기반하기 때문에 퓨 리서치 온라인 조사가 가장 중요하게 다루어야 할 문제는 정치적·사회적 참여에 능동적인 사람들의 과대 대표 가능성이다. 이 문제를 해결하기 위해, 퓨 리서치는 인구 조사(Current Population Survey)의 측정을 기반으로 '자발적 행위(voluteer activities)'의 정도를 가중값 변수에 포함한다. 정당 소속감과 자발적 행위에 대한 퓨 리서치의 가중값 설정은 앞으로 다가올 한국의 온라인 정치 조사뿐만 아니라 특정 이념 성향과 정치 고관여층의 과대 대표가 의심되는 기존 정치 조사도 눈여겨보아야 할 대목이다.

다음으로는 퓨 리서치 사례를 통해 가늠할 수 있는 패널 기반 온라인 조사의 비용이다. '미국 트렌드 패널'은 패널 구축과 데이터 기반 시설 구축을 위해 상당한 초기 비용을 투자했다. 이후에는 패널의 충원과 관리, 프로그래밍, 응답자 보상에 대한 비용이 소요된다. 그러나 매몰 비용이 거듭되는 조사를 통해 분산됨에 따라 패널 면접의 비용은 점점 감소하게 된다. 또한 전화 조사에서 소요되는 면접 비용이 전혀 들지 않으며, 표본추출, 데이터 수집 및 처리 비용 또한 매우 적게 든다. 따라서 단면적으로 비교할 경우 퓨 리서치의 15분 온라인 조사 비용은 RDD 방식의 전화 면접보다 훨씬 작은 것으로 계산된다.

2) 유고브(YouGov)의 온라인 조사[*]

유고브는 영국에서 인터넷 조사로의 이행을 주도한 대표적 조사 기관이며 미국과 유럽 등지에 지부를 두고 있다. 유고브의 "Getting It Right"라는 이름의 추적 조사는 정당 지지와 다양한 주제의 여론에 대한 정보를 제공하면서 투표와 선거 연구에서 주요한 역할을 담당하고 있다. 유고브는 'Active Sampling'이라고 부르는 패널 기반 온라인 여론 조사를 수행한다. 유고브의 패널은 널리 알려진 광고 플랫폼과 웹 사이트와의 전략적 협업을 통해 충원된다. 유고브의 패널은 퓨 리서치의 확률 기반 패널과 구분하여 옵트인(자발적 선택) 패널 혹은 비확률 기반 패널이라고 불린다. 여기서 옵트인 패널이란 광고 플랫폼과 웹 사이트 사용자들이 그들의 이메일이나 SNS로 전달된 패널 조사 링크를 보고 자발적으로 접속함으로써 패널 구성원이 된다는 의미다. 이처럼 유고브의 패널은 모집단에 준하는 표집틀(퓨 리서치의 경우 우편 주소 목록)에서 무작위로 선정되는 것이 아니기 때문에 비확률 기반 패널로 분류되는 것이다.

현재 유고브는 백만 명 이상의 영국 성인들로 구성된 패널을 유지하고 있다. 광고 플랫폼과 웹 사이트에서 제공하는 개인정보 덕분에 새로운 구성원이 충원될 때마다 사회인구학적 정보가 기록된다. 표본의 전국적 대표성을 위하여 유고브는 성별·연령·계급과 교육의

---

[*] 유고브의 온라인 패널 조사 방법론은 유고브 홈페이지에 나와 있는 'panel methodology' 를 참조하였다(https://yougov.co.uk/about/panel-methodology, 검색일: 2022.02. 21).

측면에서 영국 성인을 대표하는 패널의 하위 표본을 만들고 조사 주제에 따라서 이들 표본을 활용한다. 조사에 해당된 표본만이 그들의 사용자 명과 비밀번호를 통해 설문에 접근할 수 있는 권한을 가지고 설문에 응답하도록 하고 있다.

조사가 종료되면 최종 데이터는 18세 이상(인터넷을 사용하지 못하는 사람을 포함) 모든 성인의 인구통계적 구성비에 따라 통계적 보정이 이루어진다. 인구통계적 가중값 변수는 연령과 성, 계급, 거주지 그리고 교육 수준이다. 그뿐만 아니라 유고브는 정치 조사를 위해 응답자의 지난 선거에서의 투표 선택, EU 국민 투표에서의 선택, 그리고 정치적 관심 수준에 따른 자료 보정도 수행한다.

유고브 또한 퓨 리서치와 마찬가지로 인터넷 기반 조사이기 때문에 인터넷 사용자와 비사용자 사이에 존재하는 정치적 편향의 문제가 제기된다. 그러나 유고브는 인터넷 사용의 광범위한 확산이 인터넷 사용자와 비사용자를 거의 구분할 수 없다는 학술 연구들에 기반하여 온라인 조사를 정당화한다. 그뿐만 아니라 유고브는 인구의 10%에도 접근하지 못하는 기존 전화 조사의 추론 능력을 신뢰할 수 없기 때문에 표본의 질을 향상시키기 위한 대안을 찾아야 한다고 주장한다. 대표성을 보장하지 못하는 무작위 표본보다 자발적 선택으로 구성된 '책임 있는 표본'이 관리와 보정을 통해 대표성과 추론의 문제를 덜 야기시킬 수 있다는 것이다.

5. 변화에 대한 평가

지금까지의 논의로부터 전화 조사와 웹 조사를 비용과 조사의 질
면에서 비교하면 〈표 6-2〉와 같다. 전화 조사와 비교하여 가장 먼저
눈에 띄는 웹 조사의 장점은 높은 협조율이다. 앞의 퓨 리서치와 유고
브의 사례에서 보았듯이, 웹 조사의 패널은 조사 요청에 대한 동의나
자발적 선택으로 패널 구성원이 되기 때문에 조사에 대한 협조율이
매우 높다. 특히 계약과 보상이 이루어지는 웹 조사의 경우 패널 접촉
자의 대부분이 조사에 협조한다. 그러나 인터넷 조사에서는 협조율
을 높게 만드는 자발적 패널의 사용이 낮은 표본 신뢰도의 원인이 된
다. 따라서 조사 기관들은 모집단에 준하는 표집틀로부터 무작위 추
출을 한다든가 할당값을 주는 방식으로 패널을 구성한다.

둘째, 웹 조사는 응답자에게 자신이 선호하는 환경에서 그 자신의
속도로 설문지에 응답할 수 있는 편리함을 제공한다. 휴대폰, 노트

북, 태블릿 등의 기기로 접속하는 웹 조사에서 응답자는 시간과 공간의 제약을 거의 받지 않는다. 이러한 유연함과 편리함은 질 좋은 응답을 유도할 수 있다. 웹 조사의 또 다른 장점은 조사원이 없는 조사 환경으로 인해 발생하는 이득이다. 먼저 조사원의 개인 차이에서 오는 비표본 오차를 크게 줄일 수 있다. 조사원이 없는 웹 조사에서는 응답에 대한 기입 실수, 말투로 인한 특정 단어의 잘못된 전달 등의 오류가 생기지 않는다. 나아가 조사원이 없는 조사 환경에서 웹 조사는 '사회적 바람직함' 혹은 '정치적 올바름'의 압박 없이 응답자의 진솔한 응답을 얻을 수 있다.

〈표 6-2〉 전화 조사 대비 패널 기반 웹 조사의 장·단점 및 단점 개선 상황

장·단점 항목	전화 조사	웹 패널 조사	웹 조사의 단점 개선
협조율	×	○	
응답의 편리함	×	○	
면접원 비표본 오차	○	×	
진솔한 응답	×	○	
면접원 비용	○	×	
매회 표본추출 비용	○	×	
자발적 행동층	=	○	정치 정향에 대한 가중치 설정
인터넷 비사용자	=	×	타플릿 제공과 기술 지원
비차별적 응답	=	○	불성실 응답자 배제
무작위 응답	=	○	불성실 응답자 배제
초기 비용	×	○	매몰비용의 분산
패널 관리 비용	×	○	

*: ○ – 높음, 있음, 포괄, × – 낮음, 없음, 배제, =: 보통
**: ■ – 웹 조사의 장점, ■ – 웹 조사의 단점

그러나 웹 조사의 가장 큰 단점은 비확률표집으로 인해 표본의 대

표성이 떨어진다는 것이다. 웹 조사의 표본은 요청에 따른 동의 혹은 자발적 선택으로 구성되기 때문에 정치 고관여층이 과대 대표될 수 있다. 또한 웹 조사의 패널은 일주일에 적어도 한 번은 설문을 받기 때문에 잦은 설문 경험으로 인한 응답 편향이 발생할 수 있다. 나아가 패널은 설문 응답에 대한 보상이 이루어지는 경우 참여자의 불성실한 응답, 즉 비차별적 응답(non-differentiation answer)과 무작위 응답(arbitrary answer)에 노출될 수 있다. 그러나 퓨 리서치와 같이 조사 기관들은 지속적인 관찰을 통해 이러한 응답자들을 패널에서 배제함으로써 이 문제를 해결하려 한다.

인터넷 조사의 또 다른 대표적 단점은 인터넷 비사용자가 조사에 접근할 수 없다는 것이다. 인터넷 비사용자는 사용자에 비해 인구동계적인 측면(예컨대 연령과 인종)에서 다른 특성을 갖기 때문에 이들의 배제는 표본의 대표성을 심각하게 훼손한다. 퓨 리서치의 사례에서 보았던 것처럼 조사 기관들은 인터넷 비사용자에 한해 우편 조사를 실시한다든가, 이들에게 태블릿 PC를 제공하고 기술을 익히게 도움으로써 이 문제를 극복하려 한다.

전체적인 비용 면에서 웹 조사와 전화 조사의 차이는 크지 않을지 모른다. 웹 조사에서는 조사원의 면접 비용이 발생하지 않으며 표본 추출 비용도 매번 지출되지 않는다. 그러나 웹 조사는 패널 구성과 데이터 기반 시설 구축을 위해 초기 비용을 많이 지불해야 하고, 전화 조사에 없는 패널 관리 비용도 부담해야 한다. 그러나 많은 수의 조사가 진행됨에 따라 매몰 비용은 분산되고 조사 비용도 점점 줄어든다. 때문에 초기 투자 이후에 웹 조사의 비용은 전화 조사보다 훨씬 저렴해진다.

　최근 시도되고 있는 '책임 있는 표본'에 대한 인터넷 조사가 과연 어떠한 효과를 가져왔는가를 평가하는 것은 결코 쉬운 일이 아니다. 그이유는 첫째, 평가의 기준이 되어야 할 국민의 여론을 알지 못하기 때문이다. 이 책의 제3장에서도 강조한 것처럼, 우리가 아는 여론이란 국민의 의견이 아니라 협조자의 의견에 불과한 것이다. 둘째는 변화가 불가피하였다는 데 있다. 협조율이 10%밖에 안 되는 전화 조사는 신뢰도에 심각한 하자가 있기 때문에 조사 기관들은 이를 개선할 수 있는 변화를 시도하여야만 했다. 이런 관점에서 책임 있는 표본의 인터넷 조사는 의미 있는 시도라고 할 수 있다.

　인터넷 조사의 낙관적 전망은 책임 있는 표본이 잘 관리·발전된다면 무작위 표본보다 더 진실된 국민의 의견을 대표할 수 있으며 최악의 경우에도 협조율이 지극히 낮고 조사와 응답에 여러 제약이 있는 전화 조사보다 못하지 않다는 것이다. 이런 점에서 많은 연구자는 할당치로 구성한 책임 있는 표본의 오류가 무작위 표본의 오류보다 크지 않을 것이라는 데 동의하고 있다(Couper 2000; Berrens et al. 2003; Schonlau et al. 2004; Yeager et al. 2011). 인터넷 조사의 비관론자들은 책임 있는 표본이 기존 전화 조사의 설문 응답자들로 구성된 협조자 표본과 마찬가지로 모두 협조자들로만 구성된다는 점에서 다를 것이 없고, 실제로도 둘의 조사 결과가 별로 다르지 않다고 지적할 것이다. 더구나 책임 있는 표본의 육성과 관리에 적지 않은 비용이 요구된다는 점을 고려하면 오히려 최근의 변화가 과거보다 후퇴하였다고 주장할 수도 있을 것이다.

인터넷 조사가 기존의 전화 조사보다 더 신뢰할 만하다는 뚜렷한 증거는 찾기 힘들다. 그러나 앞서 언급한 것처럼 인터넷 조사로의 변화는 불가피하다. 협조율이 10% 아래로 추락함에 따라 협조자와 거부자 사이의 정치 정향 차이가 더욱더 커지는 만큼 조사 신뢰도가 심각한 도전을 받고 있기 때문이다. 인터넷 조사의 태생적 문제점에도 불구하고 대안으로 받아들일 수밖에 없는 이유다. 앞 절의 사례에서 살펴본 바와 같이, 조사 기관들은 커버리지와 표본추출의 문제 등을 극복하기 위해 다각도의 노력을 기울이고 있다. 조사 방법의 연구들도 조사 방식 간의 정확도 평가를 통해 더 신뢰할 만한 대안의 제시에 관심을 집중하고 있다.

이와 관련한 일련의 연구는 RDD 전화 조사, 확률 패널, 비확률 패널의 인터넷 조사의 설문에서 묻고 있는 인구통계적 배경 질문에 대한 응답과 미국 정부 통계의 관련 지수 및 높은 응답률의 질 높은 정부 조사에서 나타난 인구통계 수치를 비교한다(Chang and Krosnick 2009; Yeager et al. 2011). 연구 결과는 전화 조사와 확률 패널 인터넷 조사 간 대표성의 유의미한 차이가 없고, 확률 패널 인터넷 조사가 비확률 패널 인터넷 조사보다 더 정확한 것으로 나타났다. 이는 응답 정확도에 있어 인터넷 조사의 우월함을 감안하면, 확률 패널 인터넷 조사가 RDD 전화 조사보다 더 정확할 수 있음을 시사한다.

조사 방식의 최근 변화 추세에 비추어 볼 때, 우리나라 조사 공동체의 온라인 조사에 대한 대응은 능동적이지 못하다. 한국조사학회가 2000년에 작성하여 지금까지 홈페이지에 게재하고 있는 여론 조사 보도지침을 보면 '대부분의 인터넷 여론 조사는 응답자가 스스로 조사 대상자가 되는 조사로써 사이비 여론 조사일 가능성이 높고, 비록 인터넷에 접근할 수 있는 사람들을 정확히 표집했다고 하더라도 아직 전국 성인 가운데 비교적 소수만이 인터넷에 접근 가능하기 때문에, 여전히 전 국민을 대상으로 하는 여론 조사가 아니다'라고 경고한다. 대표성을 고려하지 않고 마구잡이로 진행되는 웹 조사들이 난무하는 현실을 감안할 때, 인터넷 조사에 대한 부정적 태도는 당연해 보인다. 그러나 인터넷 조사의 커버리지 오류를 가장 큰 문제로 삼기에는 인터넷 사용자가 지난 20년간 너무도 많이 늘어났고, 확률 표집의 원칙을 내세우기에는 낮은 협조율의 전화 조사가 지니는 무작위 표본의 허상이 자주 드러난다. 조사 방식의 변화와 대안에 관한 연구도 활성화되어 있지 않다. 2013년부터 지금까지 한국조사학회의 학술지『조사연구』의 게재 논문 중 인터넷 혹은 웹 조사에 관한 연구는 몇 건 되지 않으며, 2018년부터 지금까지 학술대회에서의 발표 건수도 3건에 불과하다. 인터넷 조사의 대표성을 높이려는 연구와 실천이 다각도로 요청되는 현실을 고려하면 무작위 표본의 원칙만을 금과옥조처럼 고수하는 태도는 자칫 불가피한 변화에 대한 적극적 대응을 가로막는 결과를 가져올지 모른다.

제7장

토론

이 책 저자들의 세부 전공은 한국정치과정이며 그동안 주로 여론 조사 자료를 통계적으로 분석해서 한국인들의 정치 행태의 특성을 밝히는 작업을 해왔다. 우리에게 던지는 가장 곤혹스러운 질문 중 하나는 한국의 여론 조사의 신뢰도에 관한 것이다. 조사 결과를 믿어도 되느냐는 것이다. 이 질문이 곤혹스러운 이유는 우리는 여론 조사 자료가 있어야 정치를 연구할 수 있는 사람들이었고, 그래서 여론 조사 자료의 신뢰도를 선험적으로 믿을 수밖에 없는 사람들이기 때문이다.

이번에 한국 여론 조사의 신뢰도를 조사하는 데 필요한 자료를 수집하기 위해 두 번의 여론 조사를 시행하면서 한국 여론 조사의 가장 큰 문제점은 여론 조사에 대한 낮은 협조율이며, 그다음으로 표준화되지 않은 설문과 전화 조사에 대한 일방적 의존도라고 생각하게 되었다. 그동안 일부에서 제기하여 왔던 여론 조사 회사의 정치적 편향성과 조사자의 비전문성을 규정할 만한 특별한 증거는 찾을 수 없었다. 이 문제들이 우리의 조사 능력 밖의 일인지도 모르겠지만 이들을 다루지 않는 이유는 문제를 제기할 만한 뚜렷한 증거를 발견할 수 없었기 때문이라는 사실을 밝힌다.

1. 낮은 협조율

현재 한국에서 시행되고 있는 여론 조사의 신뢰도에 빨간 신호가 들어오고 있다. 여론 조사의 추정치나 신뢰구간을 그대로 받아들이기 어렵다는 것이다. 응답자의 협조율이(응답자 수/총 접촉자 수) 너무 낮기 때문이다. 보통 여론 조사를 위해 전화를 걸면 설문 조사에 응답하는 협조자 비율은 100명 중 10명에 불과한 것이 현실이다. 여론 조사에 있어 협조율의 마지노선은 접촉자의 20~30%이다. 이보다 낮은 협조율을 보이는 조사 결과를 신뢰할 수 없는 이유는 그런 조사의 표본은 더 이상 무작위 표본이라는 가정을 적용할 수 없기 때문이다. 최종 표본에 모집단의 구성원들이 선택될 확률이 같은 것을 무작위 표본이라 하는데, 실제 조사에서 무작위 표본의 조건을 완전히 만족시키기란 사실상 불가능하다.

그럼에도 불구하고 대부분의 조사가 무작위 표본임을 가정하는 이유는 무작위 표본 구성원이 특별한 이유가 없는 한 여론 조사에 협조할 것이라고 기대하기 때문이며, 더 근본적인 것은 만약 무작위 표본이 아니라고 한다면 조사에서 나타난 값의 추정치와 신뢰구간을 설정할 수 없기 때문이다. 예를 들어 거의 모든 조사는 대통령의 지지율을 조사하는 데 협조할 의사가 있는 5~10%의 국민에게만 설문을 물어보고 그들의 응답이 국민 전체의 의사를 대표하는 값으로 지지율과 신뢰구간을 발표하고 있다. 그런데 만약 낮은 협조율로 인해 최종 응답자 표본이 무작위 표본이 아니기 때문에 모집단의 대표성을 인정받지 못한다면 이는 심각한 문제다. 대통령 직무 평가가 40% 지지율에 95%의 신뢰구간이 ±3% 이내라고 발표할 수 없을 뿐 아니라, 왜곡의 크기를 알 수 없어 대통령 지지율에 대한 어떤 다른 추정치와 신뢰구간도 발표할 수 없게 될 것이기 때문이다.

1) 협조율의 감소

전 세계(주요 선진국)적으로 볼 때 여론 조사의 협조율이 50% 이하로 감소한 것은 지난 30~40년 전의 일이다. 이때만 해도 협조율의 감소에 대해 큰 우려를 하지 않았으며 시대적 변화로 감소한 것이라고 받아들이는 분위기였다. 그러나 협조율이 30% 이하로 떨어지고, 심지어는 퓨 리서치 센터의 전화 조사에서도 협조율이 10% 이하로까지 하락하자 대안적인 표본의 개발 등 새로운 대응에 노력을 기울이게 되었다. 면접 기술이 발전함에도 불구하고 협조율이 지속적으로 낮아지는 원인은 기본적으로 두 가지 요인이 있다. 하나는 전화 조사의 확대이고 다른 하나는 사적(privacy) 문화의 도래이다.

와이스버그(Weisberg 1996)는 여론 조사의 정확도를 시간·비용· 윤리와의 타협의 결과라고 보았다. 여론 조사자들이 무조건적으로 진실을 추구하는 것이 아니라 시간·비용·윤리 등을 고려해 허용될 수 있는 범위 내에서 정확성을 추구한다는 것이다. 시간·비용·윤리 의 세 가지 고려 요인을 감안하면 전화 조사처럼 빠르고 값싸고 사생 활 침해가 적은 조사 방법을 찾기 어렵다. 특히 전화가 전 국민에게 보편적으로 보급되고 선진국에서는 1인당 휴대전화 1개 소지가 현실 화됨에 따라 전화 조사는 과거의 방문 대면 조사와 달리 국민 전체의 무작위 표본의 추출을 가능하게 하였다. 그러나 여러 가지 장점에도 불구하고 전화 조사를 무조건적으로 지지할 수 없는 이유 중의 하나 는 전화 조사의 응답율이 다른 조사에 비해 낮다는 점이며, 심지어 우 편 조사보다도 낮은 경우가 많다.

협조율의 감소를 가져온 좀 더 큰 이유는 문화의 변화이다. 초기 면접 조사가 시행되었던 60~70년 전에는 여론 조사의 참여가 투표 와 같이 민주주의의 의무이자 특권으로 받아들여져 응답자들이 그 들의 조사 경험을 주위 사람들에게 자랑스러워했다고 한다. 그러나 30~40년 전부터 프라이버시 문화가 대두되면서 여론 조사는 그들로 부터 시간과 노력을 빼앗아 가는 성가신 부탁으로 바뀌게 되었으며, 이에 따라 비협조자가 증가하게 되었다. 결국 선진 민주주의 국민은 공적 시민으로서가 아니라 사적 개인으로서 살기를 선호한다는 것이 며, 그것의 결과 중 하나가 협조율의 감소로 나타난다.

2) 오차의 증가와 여론 조작

10%의 협조율로 선택된 조사 표본이 무작위 표본이라 하면 아무도 이를 믿지 않을 것이다. 마찬가지로 10%의 협조율로 1,000명의 표본 추정치가 −3%에서 +3%의 신뢰구간을 갖는다고 한다면 이를 믿어서는 안 된다. 추정치가 왜곡되어 95%의 신뢰구간이 ±3%보다 더 커질 것은 당연하다. 왜냐하면 무작위 표본이 가장 작은 오차를 갖는다는 것은 이미 수학적으로 증명된 사실이기 때문에, 오차가 커질 수는 있어도 작아질 수는 없다. 낮은 협조율로 선택된 표본의 추정치에 부합하는 오차의 크기가 얼마나 되는지를 현재로서는 직접적으로 계산해 내기 불가능하다. 오차 또는 오류의 크기를 계산해 내기 위해서는 모집단인 국민의 특성과 협조자 집단의 특성을 비교하여야 하는데, 협조자 집단과 차이가 있는 국민의 특성을 찾아낼 방법이 없기 때문이다. 사실 우리는 거의 모든 경우에 조사가 가능한 협조자의 특성을 통해서만 모집단의 특성을 추론하고 있다.

성별·연령·거주지 등 우리가 미리 알고 있는 인구통계적 특성을 가중값이나 할당치의 방법을 사용해 협조자 집단의 특성을 국민의 특성에 맞춘다고 해서 협조자 집단인 최종 표본의 대표성의 문제가 해결되지는 않는다. 이러한 방법은 협조자 표본의 특성을 우리가 알고 있는 국민 전체의 인구통계적 특성과 같게 할 수 있지만, 우리가 모르는 그래서 알고 싶어 하는 태도나 정향의 특성을 똑같게 할 수는 없다.

현재 우리나라에서 정치적 정향과 태도에 가장 크고 광범위한 영향을 미치는 변수 중 하나가 개인의 이념 성향이다. 그러나 이념 성향은 호남 지역을 제외한 다른 인구통계적 변수와 깊은 관계가 없다. 다시 말해 남성과 여성, 20대와 50대, 충청민과 영남민 사이에 유의미한 이념 성향의 차이가 없다. 따라서 만약 협조자 표본의 성별·연령·거주지 등을 가중값이나 할당치로 바꾸어도 협조자 표본이 이념적으로 편향되었다면 이는 개선되지 않는다. 예를 들어 협조자 표본이 보수적인 국민들의 정치적인 올바름(PC)에 의한 비협조로 인하여 실제보다 진보적으로 편향되었다 하더라도, 이는 연령이나 지역과 같은 인구통계적인 가중값이나 할당치의 적용으로 개선되지 않는다.

여론 조사에 대한 협조율이 낮을 경우 생각해 볼 수 있는 또 하나의 문제점은 소수의 조직적 동원에 의해 여론 조사가 왜곡 또는 주작될 수 있는 위험이 있다는 것이다. 국민 사이에 대통령을 지지하는 집단과 반대하는 집단이 그 수는 같은데 협조율이 정치적 만족도에 따라 대통령의 지지자는 12%, 반대자는 8%라고 가정해 보자. 그 결과 협조자만으로 구성된 여론 조사에서 대통령은 50%가 아니라 60%의 지지를 받는 대통령이 된다. 이러한 협조율 차이에서 나타나는 집단별 영향력의 차이는 여론 조작의 동기가 된다.

한국과 같이 성인 인구가 4,000만 명이고 한 사회 조직의 구성원이 100만 명이라고 할 때, 이 조직은 성인 전체의 2.5%에 불과하다. 그러나 이들은 다른 국민의 낮은 협조율을 이용해 여론 조사에서 그들의 수의 10배가 넘는 영향력을 행사할 수 있다. 가령 이들이 조직적으로 무작위 전화 면접에 적극 협조한다면 다른 국민들의 협조율이 10%일 때 이들은 최종 협조 표본 중 20%를 차지하는 집단이 되고,

다른 국민들의 협조율이 5%일 때는 무려 34%를 차지하는 준다수 집단이 된다.

따라서 이들이 단결한다면 여론을 쉽게 조작하는 것이 가능해진다. 특히 조직적 동원에 의한 조작의 나쁜 결과는 자신들이 지지하지 않는 정당의 후보자 선출에 있어 그들이 선호하지 않으나 자신들이 지지하는 정당의 후보자가 쉽게 이길 수 있는 상대를 지지하는 역선택의 경우 두드러지게 나타날 수 있다. 만약 이와 동시에 상대 정당의 지지자들도 역선택을 하게 되면 결과적으로 최악의 후보자들이 후보자로 선출되고 더 나아가 국회의원이나 지자체장, 심지어 대통령 등의 대표자로 당선될 것이다.

> 사례1. 표본 1,000인, 협조율 5%, 접촉자 13,559인 조직 구성원 339인,
>   일반 국민 661인
> 사례2. 표본 1,000인, 협조율 10%, 접촉자 8,163인, 조직 구성원 204인,
>   일반 국민 796인

3) 보수적 대응

전화 조사의 효율성과 개인들 사이에 만연된 사적 문화를 고려할 때 현재로서 단기간 내에 협조율을 높이고 여론 조사의 신뢰도를 회복할 수 있는 방법이 없다. 이와 더불어 협조자 표본이 모집단인 국민에 비해 대표성이 어떻게 왜곡되어 있는가 비교하여 측정할 수도 없다. 왜냐하면 국민의 특성은 협조자 집단의 특성을 통해서 추론할 수

있기 때문에 독립적으로 국민의 특성을 추정하는 것은 불가능하다. 그렇다면 우리는 먼저 왜곡된 통계치(얼마나 어떻게 왜곡되었는지 알 수 없지만)를 사용한다는 사실을 인식하고 국민의 특성을 추정하는 데 매우 조심해야 한다.

표본이 낮은 협조율에 의해 무작위 표본의 원칙을 만족하지 못할 때 변수의 평균이나 표준 오차를 꼭 사용해야 한다면 표준 오차는 지금보다 50%에서 100% 정도 증가되는 것이 안심할 수 있는 범위이다. 따라서 1,000명의 표본에서 관례적인 ±3%의 신뢰구간을 ±4.5%나 ±6%의 확대된 신뢰구간을 사용하여야 할 것이다. 비록 임시방편이긴 하지만 표준 오차의 신뢰구간을 2배 가까이 늘이는 것은 표본의 크기를 4배로 늘이는 효과와 같기 때문에 결코 작은 것이 아니다. 실제로 표집 과정에서의 오류가 아닌 비협조에 의한 대부분의 오차나 오류가 이 범위 내에 존재한다. 또 최근 문제가 되고 있는 미국과 영국의 여론 조사 실패나 PC에 의한 오류의 크기 또한 대부분 5% 미만이다.

여기서 한 가지 조심해야 할 것은 조사의 표본이 무작위 표본이 아니기 때문에 조사 결과를 믿을 수 없다는 극단적 주장이다. 모든 여론 조사의 표본이 엄격하게는 무작위 표본이 아니기 때문에, 조사를 믿느냐 마느냐가 아니라 신뢰구간이 어느 정도 커지느냐의 문제로 보아야 한다. 요즘과 같은 사회적 네트워크의 시대에서 여론 조사에 대한 특정 집단의 대규모적 비협조나 특정 단체의 조직적인 개입의 경우를 아무도 인식하지 못하는 경우까지 상정할 필요는 없다.

그런 예외적 경우를 제외한다면 선입견이나 자의적인 개인의 판단보다는 비록 오차가 커지지만 과학적인 방법론에 의거한 조사 결과가 더 믿을 수 있다는 것은 두말할 필요가 없을 것이다. 우리는 그동안 무의식적으로 협조자 표본이 무작위 표본이 아니란 걸 알면서도 교과서 외우듯 1,000명 표본에 ±3%의 구간에 95%의 신뢰도가 있다고 믿고 있었는지 모른다. 확대된 신뢰구간에 불만을 가질 때는 언제나 표본의 크기를 키우면 된다. 신뢰구간을 원래대로 2분의 1로 줄이고 싶으면 표본의 크기를 4배로 하면 된다. 물론 시간과 경비의 문제가 따른다는 것을 각오해야 한다.

둘째, 조사 결과로 실제 정치 권력의 배분을 결정하는 행위에서 여론 조사의 사용을 당분간 중단하는 것을 고려해야 한다. 최근 10년 사이에 한국의 정당들은 당 대표 선출이나 선거를 위한 공직 후보자 선출에서 여론 조사의 사용을 정착시키고 있다. 이러한 권력 배분의 행위에서 여론 조사의 사용을 중단해야 한다는 것이다. 왜냐하면 정당들의 이러한 행위들은 여론 조작에 취약할 뿐 아니라 경쟁이 치열해 오차 범위 내에서 결정해야 하는 경우가 많아서 잘못된 추정값이나 신뢰구간으로 당 지도부나 후보자가 결정될 수 있기 때문이다. 또 이들 행위는 정당 결정의 대외적 독립성과 대내적 민주성의 원칙에도 위배된다. 정당의 결정은 그들의 결사의 자유에 따라 외부의 간섭을 받지 않으며 결정 과정에 당원의 참여가 보장되는 민주적 원칙에 기반해야 하기 때문이다.

특정 태도의 왜곡되지 않은 실제값을 추론할 수 있는 방법으로 이념 성향과 정당 지지 변수를 이용하는 방법을 고려할 수 있다. 이들 변수는 가장 중심적인 정치 정향이며 다른 태도에 인과적 영향을 크게 미치는 변수이다. 먼저 대면 조사, 인구 조사, 투표장 출구조사와 같이 비교적 협조율이 높은 조사 설문에 이 두 변수를 포함시켜 이들의 편향되지 않은 추정값을 구해 이를 기준값으로 한다.

다음으로 이 값과 협조자 표본에서 추출한 값을 비교하여 유의미한 차이가 발견된다면, 이 표본에서의 이념 성향과 지지정당뿐 아니라 다른 정치적 태도와 정향도 왜곡되었다고 간주할 수 있다. 이때는 협조자 표본에서의 두 변수값을 가중값을 이용해 실제 값에 근사한 값으로 바꾸고 이 변화에 따른 다른 태도와 정향의 변화를 계산하여 대입함으로써 비교적 실제값에 가까운 값을 구할 수 있다.

표본이 무작위 표본이 아닐 경우 변수값은 왜곡되지만 변수 간 관계의 계수(영향력의 크기)는 별로 왜곡되지 않기 때문에 협조자 표본에서 나타난 변수 간 계수를 그대로 이용하여 실제값에 근사한 값을 구할 수 있다. 예를 들어 협조자 표본의 이념 성향의 평균값이 실제 이념 성향의 기준값(진보=1, 중도=2, 보수=3)보다 0.3 더 크고 이념 성향이 대통령 지지율에 미치는 회귀계수(변수 사이의 선형의 관계를 추정함으로써 계산한 영향력의 크기)가 0.2이라면 협조자 표본은 실제보다 대통령 지지율을 6%p 더 과대 평가한다고 볼 수 있다.

2. 설문의 표준화

한국의 정치 여론 조사는 권위주의 시대에는 거의 시행되지 않았다가 1980년대가 지나서야 본격적으로 발전되기 시작했다. 30년에 불과한 짧은 역사이지만 비교적 빠른 성장으로 현재는 90여 개의 여론 조사 전문 회사가 등록되어 있다. 이 중 두 개의 여론 조사 회사가 매주 또는 격주로 대통령 직무 평가와 정당 지지율의 분포 조사를 발표하여 정치와 언론 등에서 주요 화제로 떠오르고 있다. 지속적으로 증가하는 여론 조사의 질적 발전을 위해 중앙선거관리위원회가 여론심의위원회를 통해 여론 조사의 질적 규제를 시행하고 안심번호로 여론 조사에 필요한 무작위 전화번호 표본을 제공해 주기도 한다.

낮은 협조율 또는 협조율의 감소 문제는 여론 조사 회사가 초래한 문제가 아닌 데다 해결해야 할 문제도 아니지만, 설문의 표준화는 여론 조사 회사가 빠르게 실행해야 하고 또한 실행할 수 있는 문제일 것이다. 설문의 표준화는 설문의 획일화가 아니다. 왜냐하면 여론 조사는 시간·비용·윤리와의 타협의 결과이기 때문에 조사자가 처해 있는 상황에 따라 다른 것이 당연하다고 하겠다.

그러나 모든 설문이 지켜야 할 원칙은 응답자가 누구이든 간에 설문을 보고 쉽게 이해하고 바로 응답할 수 있는 간결한 것이어야 한다는 것이다. 이런 점에서 설문 하나를 줄이는 목적으로 두 가지 질문(지지정당이 있는가, 있다면 어느 정당이고, 없다면 가까운 정당은 어느 정당인가)을 하나의 설문(지지정당 또는 가까운 정당은 어느 당인가)으로 묻는다면 이는 잘못된 것이다. 또 다른 나라 사람들은 대통령 직무 수행을 '잘한다'와 '못한다'의 둘 중 하나로 판단하고 있는데, 유독 한국인만 가운데 '보통이나'의 응답항이 선택에 필요한 것인지도 이해하기 어렵다. 또한 직무 평가의 응답항으로 절대적 기준(한다)에 상대적 기준(하는 편이다)을 추가하여 4개의 응답항을 만드는 것은 더욱더 그러하다.

대통령 직무 수행 평가와 지지정당에 관한 설문들은 비교적 간단한 설문들이지만 매우 중요한 설문이다. 한국에서 가장 신뢰도가 낮은 단체인 정당을 국민의 80%가 지지하고 있다는 것이 과연 사실이라고 믿어야 하는지, 또는 여론 조사의 자의적 결과라고 해석해야 하는지 매우 혼란스럽다. 이 질문은 한국 정당의 국민에 대한 태도를 결정하는 매우 중요한 질문 중의 하나일 것이다. 마찬가지로 대통령 지지율이 몇 %냐 하는 것도 간결하게 지지와 반대 둘 중 하나를 선택하는 비율로 계산되어야 대통령의 권력의 크기를 좀 더 실제 여론에 맞게 인식할 수 있을 것이다.

3. 전화 조사에 대한 지나친 의존성

한국의 여론 조사 방법의 특성이자 한계는 지나치게 전화 조사에 집중되어 있다는 것이다. 다른 여론 조사 방법인 우편, 인터넷, 대면 여론 조사는 전화 조사를 보완할 수 있을 만큼 그 수가 많지 않다. 그 중에서도 전화 조사로 만족시킬 수 없는 다양한 효용성을 갖추고 있는 대면 여론 조사는 손꼽을 정도로 그 수가 적다. 전화 조사의 일방적 독주라 해도 과언이 아니다.

전화의 대중적 보급이 이미 이루어진 상태에서 여론 조사가 본격적으로 시작되었다는 사실에서 전화 조사의 도입은 어느 정도 당연하다고 하겠다. 그러나 전화 조사가 지금과 같이 다른 조사 방법을 제치고 독주하게 된 것은 전화 조사 방법의 경제적 효율성 때문이라고 할 수 있다. 무엇보다 시간과 경비가 적게 든다는 점이다. 여론 조사의 기획에서 조사 결과 보고에 이르기까지 2~3일이면 가능하고 조사 경비도 최대 1인당 2만 원 정도를 넘지 않는다. 더욱이 ARS 방식을 이용한다면 만 원 이하로도 충분히 가능하다.

특히 주요 사건과 이슈에 대한 여론의 반응을 최단 시간 내에 최소 경비로 보고할 수 있는 방법은 전화 조사가 유일하다. 이와 더불어 최근 휴대전화의 국민적 보급으로 1인당 휴대전화 1개가 갖추어지면서 휴대전화 번호의 무작위 추출로 진정한 무작위 표본의 표집이 가능해졌다.

전화 조사가 장점만 가지고 있는 것은 물론 아니다. 가장 큰 문제점은 앞에서 논의한 낮은 협조율이다. 대면 조사와는 달리 전화 조사의 경우는 표본의 응답자가 원하지 않는 조사를 거절하는 것에 별로 부담을 느끼지 않기 때문이다. 조사원의 음성이 녹음되어 있는 ARS의 경우는 더욱더 그러하다. 전화 조사의 낮은 협조율이 단시간 내에 획기적으로 증가되지 않는 한 무작위 표본을 선정해야 한다는 여론 조사의 원칙을 포기해야 할지 모른다. 왜냐하면 10%의 낮은 협조율로 더 이상 무작위 표본이라고 주장할 수 없기 때문이다.

또한 전화 조사는 다른 조사와는 달리 설문과 응답의 양과 질에 제한을 받는다. 조사에 대한 협조 여부가 조사 시간의 길이에 달려 있는 전화 조사는 설문의 수가 적어야 하고 그 문장도 짧아야 한다. 설문은 인구통계적 배경 변수를 포함해 10개를 넘지 않는 단문으로 구성되는 것이 선호된다. 설문항 수의 제한이 가져올 수 있는 심각한 문제는 '여론이 왜 그러한가'를 설명할 수 있는 설문들이 제외된다는 점이다.

예를 들어 왜 대통령과 특정 정당을 지지하는가 또는 반대하는가를 밝히기 위해서는 주요 이슈나 정책 분야에 대한 평가의 질문이 포함되어야만 가능해진다. 만약 여론 조사가 국민의 지지를 얻기 위해서 무엇을 해야 할 것인가 하는 정보를 정당과 정치인에 전달할 수 없다면, 여론 조사의 민주적 기능이 완결될 수 없을 것이다.

지난 대통령 선거에서 소모적인 이대남과 페미니즘의 논쟁이 선거에서 표를 극대화하고자 하는 후보자들을 도울 수 없었던 것은 이러한 설명이 없었기 때문이라고 하겠다. 짧은 시간에 응답을 요하는 전화 조사는 응답의 신뢰도를 낮추는 경향도 있다. 특히 별로 의견을 갖고 있지 않으면서 설문에 즉흥적으로 대답하거나 다수가 선호하는 정답을 선택하는 비율이 다른 조사 방법에 비해 높게 나타나고 있다.

한국에서 여론 조사 방법의 편중성을 개선할 수 있는 방법은 다른 여론 조사 방법, 그중에서도 특히 대면 조사 방법과 인터넷 조사 방법을 동원하고 개발하는 것이다. 시간과 경비 때문에 큰 제약을 받는 대면 조사 방법은 위에서 제기된 낮은 협조율, 설문과 응답의 제약 등의 전화 조사의 한계를 극복할 수 있는 유일한 방법이란 점에서 반드시 정기적으로 시행되어 전화 조사 결과를 보완해 주어야 할 것이다. 전화 조사의 일방적 독주는 시장 메커니즘의 결과이기 때문에 대면 조사의 실행을 위해서는 정부와 사회단체의 적극적 지원이 필수적이다.

한국에서는 아직 덜 개발이 되었으나 대면 조사의 비용을 줄일 수 있는 대안으로 인터넷 조사를 생각해 볼 수 있다. 최근 10년 사이에 퓨 리서치 조사와 같이 패널에 기반한 온라인 조사가 외국 여론 조사 시장에서 급속히 증가하고 있다. 매 조사마다 무작위 표본을 선정한다는 원칙을 버리고, 물질적 혜택과 계약을 기반으로 높은 협조율을 보이는 책임 있는 표본을 개발하는 것이 더 현실적인 방법이라는 것이다. 물론 패널의 선정에서 국민을 대표할 수 있도록 우편 주소와 같이 편향되지 않은 정보가 담긴 자료를 확보하는 것이 중요하다. 신뢰할 수 있는 응답자로 구성된 이러한 표본은 짧은 시간에 불안정한 응답을 해야 하는 전화 조사를 피하고, 우편, 온라인, 웹 조사가 가능하다는 장점이 있다.

4. 여론 조사와 민주주의

　슘페터(Schumpeter)와 같은 고전적 민주주의 이론가들에게 여론은 대단한 것이 아니었고, 국민의 정치적 역할은 3~4년 만에 한 번 투표하는 것에 불과한 극히 제한적인 것이었다. 이들에게 민주주의란 국민이 선출한 대의원이 법을 결정하고 집행하는 대의 민주주의를 의미했다. 국민은 정치나 정책에 대해 제대로 알지도 못하고 관심도 가지고 있지 않다고 생각했다.

　그러나 매스미디어와 교육이 확대되어 국민이 현실 정치에 관심을 가지고 잘 알게 되면서 정당과 정치인들은 여론에 관심을 기울이지 않을 수 없게 되었다. 이들은 선거에서 승리하기 위해 득표를 극대화하려 했고 이 경쟁 과정에서 여론의 지지가 정당이나 지도자의 권력의 크기를 결정하게 되었다. 소위 여론 민주주의 시대가 도래한 것이다. 학자들이 여론은 비합리적이며, 불안정하고 비일관적이라고 비판을 해도, 이러한 비판은 자본주의하에서 자본은 사악한 것이라는 주장처럼 국민들 사이에 공감을 불러일으키지 못한다. 좋은 일이든 또는 나쁜 일이든 현대 민주주의에서는 국민의 의견이 권력을 결정하게 된 것이다.

현재의 민주주의하에서 여론은 여론 조사이다. 국민의 의견을 알 수 있는 방법은 국민에게 물어볼 수밖에 없고 모두에게 물어볼 수 없으니 표본을 구해 물어볼 수밖에 없다. 이 과정에서 어느 정도의 오차는 필연적이지만 그것을 가능한 한 줄이려 하는 것이 조사 방법론의 목적이다. 여론 조사가 오차나 오류의 크기 때문에 신뢰할 수 없다면 이는 누구의 잘못인가? 생각해 보면 여론 조사의 생산자로서 조사자, 유통자로서 언론, 소비자로서 정치인과 국민들이 모두 일부분 책임이 있기는 하지만 누구도 혼자서 책임질 일은 아니다. 양질의 여론 조사는 현대 민주주의의 핵심과제 중 하나이다. 정부와 정당의 결정이나 정책이 국민의 기대와 요구를 잘 반영하려면 여론 조사가 국민의 의사를 오류나 왜곡 없이 그대로 전달해야 하기 때문이다.

이런 점에서 여론 조사는 여론 조사 회사가 조사를 담당할 수 있어도 그들의 것만은 아니다. 언론과 마찬가지로 국민의 자산이라고 할 수 있다. 신뢰할 만한 여론 조사를 재화로 분류한다면 공공재에 포함될 것이다. 공공재의 문제는 누구나 무임승차할 수 있어 생산에 필요한 경비를 자발적으로 부담하려 하지 않으며, 그 결과 적절한 양의 재화가 생산되지 않는다는 것이다. 다시 말하면 신뢰할 수 있는 여론 조사가 제공된다면 누구나 그것을 이용하기만 하지 자발적으로 비용을 부담하지는 않을 것이기 때문에, 궁극적으로는 신뢰할 만한 여론 조사가 제공되지 않을 것이라는 것이다. 훌륭한 민주주의라도 유지와 발전에 필요한 경비를 부담하지 않으면 퇴보하듯이, 여론 조사도 양질을 유지하고 발전하려면 그만한 준비가 필요하다.

민주주의 선진국인 서구국가에서는 정치 여론 조사가 주로 공익적 목적을 갖고 있는 대학의 연구소나 공익단체에 의해 수행되고 있는 반면, 한국의 여론 조사는 이윤이 목적인 상업적인 회사에 의해서만 실행되고 있다. 더구나 기업이나 상품에 관한 여론 조사에 비해 공공재적 성격을 갖는 정치 여론 조사는 이윤을 목표로 하는 기업에게 전망이 밝은 사업이 아니다. 때문에 한국에 진출해 있는 다국적 여론 조사 회사들이 정치 여론 조사에 소극적인 것이 현실이다. 정치적 중립성과 조사의 전문성이 부족하다고 비판을 받고 있는 토종 조사 회사들이 경제적 사업성을 도외시하고 양질의 여론 조사를 위해 투자를 할 것이라고 기대하기도 어렵다.

양질의 여론 조사를 위한 정치적 중립성, 조사의 전문성, 공공성의 목적이라는 요건을 만족시킬 수 있는 조사 주체는 대학의 연구소나 공익단체의 연구소밖에 없다. 조건에 맞는 연구소가 현재 존재하지 않는다면 조건에 맞는 연구소들을 하루빨리 설립하고 발전시켜야 한다. 능력을 갖춘 연구소를 개발하는 책임이 결국 국가에 있다는 것은 두말할 필요도 없다. 무엇보다 여론 조사의 신뢰도를 높이기 위해서는 공익을 목적으로 하는 연구소의 연구와 개발에 과감한 투자가 있어야 한다.

국민의 반 이상이 여론 조사를 믿지 않는 불신의 정도는 이미 위험 수위를 넘었고, 끊이지 않는 정치적 편파성과 조사의 비전문성 논란

한국의 여론 조사, 실태와 한계 그리고 미래

은 극복해야 할 후진 민주주의의 멍에라고 할 수 있다. 이제는 민주주의의 도약적 발전을 위해 여론 조사에 과감한 투자를 할 때다.

참고문헌

배종찬. 2012. "대통령 국정수행 지지도 조사의 개선에 대한 연구." 『조사연구』 13(1), 113-134.

한국보건사회연구원. 2019. 『한국인의 행복과 삶의 질에 관한 종합 연구: 국제 비교 질적 연구를 중심으로』, 한국보건사회연구원.

한국조사연구학회. 2021. "웹기반 선거여론조사의 쟁점과 신뢰성 제고 방안 연구." 2021년도 중앙선거여론조사심의위원회 연구용역 결과보고서.

ABC NEWS. 2016. "The Final 15: The Latest Polls in the Swing States That Will Decide the Election." ABC NEWS. https://abcnews.go.com/Politics/final-15-latest-polls-swing-states-decide-election/story?id=43277505(검색일: 2022.01.16.).

Ad Hoc Committee. 2016. "An Evaluation of 2016 Election Polls in the U.S." AAPOR. https://www.aapor.org/Education-Resources/Reports/An-Evaluation-of-2016-Election-Polls-in-the-U-S.aspx#EXECUTIVE%20SUMMARY(검색일: 2022.01.19.)

Aday, Lu Ann. 1996. *Designing and Conducting Health Surveys.* San Francisco: Jossey-Bass.

Babbie, Earl. R. 1990. *Survey Research Methods.* Belmont, CA: Wadsworth.

Charles H Backstrom, Gerald D. Hursh. 1963. *Survey Research.* Evanston, IL: Northwestern University Press.

Berrens, R., Bohara, A., Jenkins-Smith, H., Silva, C., and Weimer, D. 2003. "The Advent of Internet Surveys for Political Research: A Comparison of Telephone and Internet Samples." *Political Analysis* 11(1), 1-22.

Brick, J. Michael, Sarah Dipko, Stanley Presser, Clyde Tucker, and Yangyang Yuan. 2006. "Nonresponse bias in a dual frame sample of cell and land-line numbers." *Public Opinion Quarterly* 70(5), 780-93.

Bush Jr., Harold K. "A Brief of PC, With Annotated Bibliography." *American Studies International* 33(1), 42-64.

Callegaro, Mario, Alan L. McCutcheon, and Jack Ludwig. 2006. Who's calling? The impact of caller ID on telephone survey response. In *Proceedings of the Survey Research Section of the American Statistical Association*, 3822-24. Alexandria, VA: American Statistical Association.

Chang, Linchiat and Jon A. Krosnick. 2009. "National Surveys via RDD Telephone Interviewing Versus the Internet: Comparing Sample Representativeness and Response Quality." *Public Opinion Quaterly* 73(4), 641-678.

Converse, Jean M. and Stanley Presser, S. 1986. *Survey questions: Handcrafting the Sandardized Questionnaire*. CA: Sage Publications.

Converse, Philip. E. 1964. "The Nature of Belief Systems in Mass Publics." In *Ideology and Discontent,* edited by David E. Apter, 206-261. Ann Arbor: University of Michigan Press.

Conway III, Lucian Gideon, Amanda Salcido, Laura Janelle Gornick, Kate Ashley Bongard, Meghan A. Moran, and Chelsea Burfiend. 2009. "When Self-Censorship Norms Backfire: The Manufacturing of Positive Communication and Its Ironic Consequences for the Perceptions of Groups." *Basic and Applied Social Psychology* 31(4), 335-347.

Conway III, Lucian Gideon, Meredith A. Repke, and Shannon C. Houck. 2017. "Donald Trump as a Cultural Revolt Against Perceived Communication Restriction: Priming Political Correctness Norms Causes More Trump Support." *Journal of Social and Political Psychology* 5(1), 244-259.

Couper, Mike P. 2000. "Web Surveys: A Review of Issues and Approaches." *Public Opinion Quaterly* 64(4), 464-494.

Engel, Pamela. 2016. "Trump Says He Doesn't 'Believe the Poll Any More'." INSIDER. https://www.businessinsider.com/trump-doesnt-believe-polls-2016-10(검색일: 2022.01.17.).

Fairclough, Norman. 2003. "Political Correctness: The Politics of Culture and Language." *Discourse & Society* 14(1), 17-28.

Financial Times. 2016. "Brexit Poll Tracker." https://ig.ft.com/sites/brexit-polling/(검색일: 2022.01.23.)

Fowler, F. J. 2014. Survey Research Methods. 5th edition. Boston: Sage.

Gallup. 2022. https://news.gallup.com/poll/15370/Party-Affiliation.aspx(검색일: 2022.04.21.).

Holbrook, Allyson. L., Jon A. Krosnick, and Alison Pfent. 2008. "The Causes and Consequences of Response Rates in Surveys by the News Media and Government Contractor Survey Research Firms." in *Advances in Telephone Survey Methodology*, Edited by James M. Lepkowski, Clyde Tucker, J. Michael Brick, Edith D. de Leeuw, Lilli Japec, Paul J. Lavrakas, Michael W. Link, and Roberta L. Sangster. New Jersey: John Wiley & Sons.

Johnson, Timothy R, Diane O'Rouke, Jane Burris, and Linda Owens. 2002. "Culture and Survey Nonresponse." In *Survey nonresponse*, eds. Robert M. Groves, Don A. Dillman, and John L. Eltinge, 55-70. New York, NY: John Wiley.

Key, V. O., Jr., 1961. *Public Opinion and American Democracy.* New York: Knopf.

Krumpal, Ivar. 2013. "Determinants of Social Desirability Bias in Sensitive Surveys: a Literature Review." *Quality & Quantity: International Journal of Methodology* 47(4), 2025-2047.

Lasswell, Harold D. 1941. *Democracy Through Public Opinion.* Menasha, WI: Banta.

Lippmann, Walter. 1922. *Public Opinion.* New York: Free Press.

Maddox, David. 2016. "Revealed: British Voters Feel 'Bullied' by Remain Campaign in the EU Referendum." https://www.express.co.uk/news/politics/682538/British- voters-bullied-Remain-campaign-EU-referendum-vote (검색일: 2022.01.23.)

Manza, Jeff and Fay Lomax Cook. 2002. "The Impact of Public Opinion on Public Policy: The State of the Debate." in Jeff Manza, Fay Lomax Cook and Benjamin I. Page. ed. *Navigating Public Opinion*. New York: Oxford University Press.

Moss, Jordan T. and Peter J. O'Connor. 2020. "Political Correctness and the Alt-right: The Development of Extreme Political Attitudes." PLOSONE, 15(10): e0239259. https://doi.org/10.1371/journal.pone. 0239259

Nederhof, Anton J. 1985. "Methods of Coping with Social Desirability Bias: a Review." *European Journal of Social Psychology* 15(3), 263-280.

Neustadt, Richard E. 1991. *Presidential Power and the Modern President*. New York: The Free Press.

Pew Research Ceneter. 2022. "Methodology." https://www.pewresearch.org/ politics/2021/04/15/biden-100-days-methodology/(검색일: 2022.02.21.).

Phillips, Derek L. and Kevin J. Clancy. 1972. "Some Effects of 'Social Desirability' in Survey Studies." *American Journal of Sociology* 77(5), 921-940.

Rasinski, Kenneth A., Gordon B. Willis, Allison K. Baldwin, Wenchi Yeh, Lisa Lee. 1999. "Methods of Data Collection, Perceptions of Risks and Losses, and Motivation to Give Truthful Answers to Sensitive Survey Questions." *Applied Cognitive Psychology* 13(5), 465-484.

Rea, Louis. M. and Parker, Richard A. 1997. *Designing and Conducting Survey Research: A Comprehensive Guide.* San Francisco: Jossey-Bass.

Roper, Cynthia. "Political Correctness." Encyclopedia Britannica, 31 Jan. 2020. https://www.britannica.com/topic/political-correctness(검색일: 2022. 01.14).

Sayers, Freddie. 2016. "The Online Polls Were RIGHT, and Other Lessons from the Rferendum." https://yougov.co.uk/news/2016/06/28/online-polls-were-right(검색일: 2022.01.23.)

Schonlau, Matthias, Kinga Zapert, Lisa P. Simon, Katherine H. Sanstad, Sue M. Marcus, John Adams, Mark Spranca, Hongjun Kan, Rachel Turner, and Sandra H. Berry. 2004. "A Comparison Between Responses From a Propensity-Weighted Web Survey and an Identical RDD Survey." *Social*

Science Computer Review 22(1), 128-138.

Scott, William A. 1963. "Social Desirability and Individual Conceptions of the Desirable." *Journal of Abnormal and Social Psychology* 67(6), 574-585.

Shepard, Steven. 2016. "Poll: 'Shy Trump' Voters are a Mirage." POLITICO. https://www.politico.com/story/2016/11/poll-shy-voters-trump-230667(검색일: 2022.01.19.).

Singer, Elinor, and Stanley Presser. 2008. "Privacy, Confidentiality, and Respondent Burden as Factors in Telephone Survey Nonresponse." In *Advances in telephone survey methodology*, eds. James M. Lepkowski, Clyde Tucker, J. Michael Brick, Edith D. de Leeuw, Lilli Japec, Paul J. Lavrakas, Michael W. Link, and Roberta L. Sangster, 449-70. New York, NY: John Wiley.

Squire, Peverill. 1988. "Why the 1936 Literary Digest Poll Failed." *Public Opinion Quarterly* 52(1), 125-133.

Weisberg, Herbert T. 1996. *The Total Survey Eorror Approach.* Chicago: University of Chicago Press.

Yeager, David S. Jon A. Krosnick, LinChiat Chang, Harold S. Javitz, Matthew S. Levendusky, Alberto Simpser, Rui Wang. 2011. "Comparing the Accuracy of RDD Telephone Surveys and Internet Surveys Conducted with Probability and Non-Probability Samples." *Public Opinion Quaterly* 75(4), 709-747.

Yougov. 2022. "Panel Methodology." https://yougov.co.uk/about/panel-methodology(검색일: 2022.02.21.).

Zaller, John R. 1992. *The Nature and Origins of Mass Opinion.* Cambridge: Cambridge University Press.

한국의 여론 조사, 실태와 한계 그리고 미래

초판 1쇄 발행 2023년 5월 31일
지은이 이갑윤·이지호·이현우
펴낸이 김선기
펴낸곳 (주)푸른길
출판등록 1996년 4월 12일 제16-1292호
주소 (08377) 서울시 구로구 디지털로 33길 48 대륭포스트타워 7차 1008호
전화 02-523-2907, 6942-9570~2
팩스 02-523-2951
이메일 purungilbook@naver.com
홈페이지 www.purungil.co.kr
ISBN 978-89-6291-021-6 93300